企业加速成长：内涵、模式与评价

田雪姣　著

吉林大学出版社
长春

图书在版编目（CIP）数据

企业加速成长：内涵、模式与评价 / 田雪姣著．--
长春：吉林大学出版社，2021.1
ISBN 978-7-5692-8047-0

Ⅰ．①企… Ⅱ．①田… Ⅲ．①企业成长－研究 Ⅳ．
① F271

中国版本图书馆 CIP 数据核字 (2021）第 028813 号

书　　名：企业加速成长：内涵、模式与评价
QIYE JIASU CHENGZHANG：NEIHAN、MOSHI YU PINGJIA
作　　者：田雪姣 著
策划编辑：卢　婵
责任编辑：卢　婵
责任校对：刘守秀
装帧设计：汤　丽
出版发行：吉林大学出版社
社　　址：长春市人民大街 4059 号
邮政编码：130021
发行电话：0431-89580028/29/21
网　　址：http：//www.jlup.com.cn
电子邮箱：jdcbs@jlu.edu.cn
印　　刷：广东虎彩云印刷有限公司
开　　本：787mm × 1092mm　　1/16
印　　张：15.5
字　　数：200 千字
版　　次：2021 年 1 月　第 1 版
印　　次：2021 年 1 月　第 1 次
书　　号：ISBN 978-7-5692-8047-0
定　　价：125.00 元

序

企业成长理论一直是国内外经济和管理领域学术研究的热点，其研究先后历经了古典经济学、新古典经济学、后凯恩斯主义以及彭罗斯的企业成长论，研究范畴相当广泛，涉及企业行为、企业成长、企业组织及结构以及企业组织管理等多种内涵。企业成长不仅能够直接反映出企业的经营状况，也是一个国家产业竞争力和综合竞争力的重要来源，一国经济的发展有赖于这个国家企业的成长性和竞争力，深入研究企业的成长机制和机理对国家综合国力的提升具有重要的意义，也是目前管理学科的前沿研究课题之一。

但是，在企业成长的现实发展过程中，不同企业成长的速度存在巨大的差异。特别是有些企业的发展速度远远领先于同业竞争的其他企业，例如华为公司在 2013 年—2017 年五年间营业收入翻了 253% 倍，利润翻了 194%。同样的情况在国际上也存在，据此前收集的统计数据显示，被誉为“朝阳产业”的生物医药产业在全球领域范围内的发展都非常迅速，平均每年生物医药产业的销售额增速高达 25%~30%，是最具成长性的产业之一。全球市场近 90% 的生物药品来自美国的默克、强生、罗氏、诺华等著名企业，这些企业的发展速度都处于行业领先地位，我们认为其具有“加速成长性”。

这些具有加速成长性的企业毫无疑问是推动经济高质量发展的重要力量，是为社会创造就业机会的重要来源，对国家综合竞争力的提升以及促进经济结构转型升级皆具有重要意义，因此，逐渐引起学术研究人员和政策制定者的特别关注。人们试图寻找到一些发展速度领先、具有较大发展潜力的企业，以研究他们的成长规律，进而为制定引导企业走向快速发展道路的政策提供切实的理论依据。

在实践中，目前国际和国内在研究企业成长理论的基础上，提出了一系列助力企业加速成长的重要举措，例如“企业加速器”“瞪羚计划”“独角兽加速计划”等。这些计划和举措在实践过程中面临着以下问题：如何发现那些具有成长潜力的企业？进入“计划”的企业筛选标准应该怎样设定？“计划”实行前后企业是否真正实现了加速？如何建立监测考评机制？应当从哪些方面对企业的加速成长提供服务？然而传统的企业成长理论及经济学相关理论尚不能为其提供借鉴依据，这也是导致各种“计划”运行效果并不达预期的原因之一。此外根据本人所在课题组对我国东莞松山湖孵化器与加速器的实证调查表明，加速器内的企业绝大部分未能形成加速成长，多数企业的收入年均增长低于15%，利润增长低于10%，3年内的存活率低于50%，而根据美国孵化器协会（National Business Incubation Association，NBIA）的研究报告，从NBIA毕业的企业，84%创造了远远高于新创企业的存活率和发展速度。这表明我国在企业加速器发展方面的落后，不仅是实践的落后，更是理论研究的落后。

那么究竟什么是企业的加速成长性？企业加速成长的机制是怎样的？企业加速成长的决定性因素是什么？如何建立监测、分析、管理企业加速成长的方法和测度工具？显然，这些是促进企业加速成长所面临的重大理论问题，且实践走在了理论前面。

鉴于此，本书引入了企业成长“加速度”的概念，聚焦研究企业加速成长的内涵、分析企业加速成长的不同模式、构建企业加速成长测度的方法和工具，并结合企业加速成长的相关案例，对企业加速成长开展了实证评价研究。本书的研究内容对提高中国企业的成长速度和质量均具有实践意义，对企业加速器的运营和发展具有指导意义，对企业成长理论的完善具有重要的学科价值。

本书对创业板上市制造企业的加速成长性进行了评价研究，得到了一些具有启发意义的结论，但受限于数据获取难度，仍有一些工作尚未完成，也尚有一些需进一步完善的地方。本书的贡献在于为企业成长的研究提供了一个全新的分析视角和研究框架，希望能够借此丰富传统的企业成长理论研究成果，并为实践领域企业的成长提供可借鉴的思路。

田雪姣

2020 年 12 月

目 录

第一篇 研究背景与文献综述

1 研究背景及意义 …… 2

1.1 研究背景 …… 2

1.2 研究意义 …… 5

1.2.1 理论意义 …… 6

1.2.2 实践意义 …… 7

2 理论基础及文献综述 …… 9

2.1 企业成长相关理论 …… 9

2.1.1 企业成长理论流派分析 …… 9

2.1.2 企业生命周期理论 …… 14

2.2 企业成长性评价理论与测度研究 …… 17

2.2.1 企业成长性影响因素及评价指标的选择 …… 17

2.2.2 企业成长性测度方法的选择 …… 21

2.3 企业竞争优势理论的演化 …… 23

2.3.1 企业竞争优势的结构论 …… 24
2.3.2 企业竞争优势能力理论 …… 25
2.4 高成长性企业测度与评价研究 …… 28
2.4.1 高成长性企业的概念和界定 …… 30
2.4.2 高成长性企业的典型特征 …… 34
2.4.3 高成长性企业相关研究的局限性和争议性 …… 37
2.5 促进企业成长的工具：企业孵化器及加速器研究 …… 42
2.6 对现有研究的述评及与本书的比较 …… 45

第二篇 企业加速成长的理论体系构建

3 企业加速成长理论基础研究 …… 48
3.1 企业加速成长性概念及特征 …… 50
3.1.1 企业加速成长问题的提出 …… 50
3.1.2 企业加速成长性的概念与界定 …… 51
3.1.3 企业加速成长的特征 …… 55
3.2 企业加速成长的内涵：四维空间模型的构建及解析 …… 57
3.2.1 企业加速成长的四维空间模型构建 …… 57
3.2.2 企业加速成长的四维度关联性分析 …… 62
3.3 企业加速成长的多元模式分析 …… 68
3.3.1 规模拉动型加速成长模式 …… 68
3.3.2 质量发展型加速成长模式 …… 70
3.3.3 创新驱动型加速成长模式 …… 72
3.3.4 多因素协同促进型加速成长模式 …… 73
3.4 本章小结 …… 74

第三篇 技术创新如何影响企业成长？如何影响企业加速成长？如何影响产业发展？

4 技术创新对企业成长的影响作用分析 …………………… 78
4.1 理论假设 …………………………………………………… 79
4.2 研究设计 …………………………………………………… 81
4.2.1 数据来源与变量选择 ………………………………… 81
4.2.2 动态面板数据模型的构建 …………………………… 82
4.2.3 动态面板数据模型的估计方法 ……………………… 83
4.3 实证分析 …………………………………………………… 84
4.3.1 企业成长综合评价 …………………………………… 84
4.3.2 模型估计结果及解释 ………………………………… 84
4.3.3 稳健性检验 …………………………………………… 86
4.4 研究结论与建议 …………………………………………… 87
5 企业加速成长的技术创新驱动作用分析 ………………… 90
5.1 技术创新与企业成长差异化的形成 ……………………… 90
5.1.1 R&D 活动情况与企业核心竞争优势的获取 ………… 92
5.1.2 专利与企业核心竞争优势的获取 …………………… 93
5.1.3 企业核心竞争优势与企业成长差异化的形成 ……… 95
5.2 技术创新与企业成长的 Kaplan–Meier 估计 …………… 96
5.2.1 样本数据 ……………………………………………… 97
5.2.2 研究方法 ……………………………………………… 97
5.2.3 估计结果分析 ………………………………………… 98

5.3 技术创新与企业规模发展的关联性分析 …… 100
5.3.1 样本与数据 …… 100
5.3.2 模型与变量 …… 101
5.3.3 变量描述性统计分析 …… 103
5.3.4 估计结果与分析 …… 104
5.4 技术创新与企业加速成长的关联性分析 …… 107
5.5 本章小结 …… 112

6 中国高技术产业发展的科技创新驱动效应研究 …… 114

6.1 中国高技术产业科技创新及产业发展指数的构建分析 …… 115
6.1.1 高技术产业科技创新及产业发展指标体系设计 …… 115
6.1.2 中国高技术产业科技创新及产业发展指数合成 …… 118
6.1.3 中国高技术产业科技创新及产业发展指数测算结果分析 …… 120
6.2 中国高技术产业发展的科技创新驱动效应测度分析 …… 123
6.2.1 平稳性检验 …… 124
6.2.2 脉冲响应函数分析 …… 125
6.2.3 方差分解 …… 129
6.3 研究结论与启示 …… 130

第四篇 企业加速成长如何测度与评价？

7 基于 SQI 模型的企业加速成长性测度研究 …… 134

7.1 企业加速成长三维测度指标体系的构建 …… 135
7.1.1 系统性原则 …… 136

7.1.2 典型性原则 …… 136
7.1.3 动态性原则 …… 136
7.1.4 简明科学性原则 …… 136
7.1.5 可比较、可量化原则 …… 137
7.1.6 综合性原则 …… 137
7.2 基于 SQI 模型的企业加速成长指数构建 …… 140
7.2.1 三维度综合评价指数的构建 …… 140
7.2.2 基于 SQI 模型的企业成长加速度计算 …… 142
7.2.3 加速成长指数的合成 …… 143
7.3 基于 SQI 模型的制造企业加速成长性评价实证研究 …… 144
7.3.1 样本选取及数据采集 …… 144
7.3.2 基于 SQI 模型的企业综合评价指数合成 …… 145
7.3.3 SQI 模型各维度及综合加速成长指数构建 …… 146
7.3.4 基于 SQI 模型的制造业上市企业加速成长性结果分析 …… 148
7.4 本章小结 …… 152

第五篇 规模扩张速度越快越好吗?

8 企业规模加速扩张与企业健康性研究 …… 156

8.1 研究设计 …… 158
8.1.1 研究方法 …… 158
8.1.2 样本与数据 …… 159
8.2 基于 COX 比例风险模型的企业健康性分析 …… 161
8.2.1 企业规模的加速扩张性测度 …… 161

8.2.2 企业技术创新水平测度 ······ 162
8.2.3 区域市场化进程与控制变量 ······ 163
8.2.4 COX 比例风险模型回归结果分析 ······ 164
8.3 本章小结 ······ 168

9 结论及展望 ······ 170

9.1 主要研究结论 ······ 170
9.2 研究不足及展望 ······ 174

参考文献 ······ 176

附录 A 创业板上市制造企业市值加速成长指数排名 ······ 199

附录 B 企业规模维度（S）加速指数排名情况 ······ 206

附录 C 企业质量维度（Q）加速指数排名情况 ······ 213

附录 D 企业创新能力维度（I）加速指数排名情况 ······ 220

附录 E 企业综合加速指数排名情况 ······ 227

第一篇
研究背景与文献综述

1　研究背景及意义

2　理论基础及文献综述

1 研究背景及意义

1.1 研究背景

企业是国民经济和社会发展的基础，是国家产业竞争力和综合竞争力的主要来源，企业的成长是一国经济发展状况的微观体现，是促进社会就业的基本保障，深入研究企业的成长机制和机理对国家综合国力的提升具有重要意义，因此国内外经济学领域和管理学领域的研究人员经常将企业成长问题视为热点和重点研究话题。长期以来，经济学家和管理学家们试图从各种不同的角度去阐述和揭示企业成长的客观规律和驱动因素，形成了一系列基于不同观点的企业成长理论。企业成长的理论研究先后历经了古典经济学、新古典经济学、后凯恩斯主义以及彭罗斯的企业成长理论等[1]，企业成长理论的思想源泉最初来自古典经济学家对大规模生产规律的研究，然而直到彭罗斯所提出的企业成长理论才第一次对企业成长问题进行了严密、全面、系统的理论分析。不同于以往从企业外部因素驱动的角度来解释企业成长现象，彭罗斯认为企业成长是一种纯内因的成长，认为企业成长总是来自内部资源的不平衡的驱动[2]，因此彭罗斯的企业成长理论可以说是奠定了现代企业成长理论的基础。从企业成长理论的历史发展来看，企业成长理论基本是围绕企业是内因驱动成长还是外因驱动成长两种理论观点展开讨论和研究，然而由于企业本身具有复杂性和动态性以及多样性的特点，使得理论界很难形成统一的、系统的理论体系，企业成长理论经历着“丛林式”的发展。自彭罗斯的企业成长理论之后，基于资源基础观和能力观的企业成长理论研究逐渐被丰富和完善，企业成长的内因驱动论越来越被人们接受，尤其日本企业在二次世界大战后创造的经济奇迹，使人们更加察觉到企业成长的内因在竞争中的重要作用[3]。随着知识经济和信息时代的到来，经济增长已逐渐从需求拉动、投资驱动迈向创新驱动的新发展阶段，与此同时创新驱动企业成长的观点逐渐开始浮现，国内外研究人员开始对创新与企业成长的关系进行分析和讨论[4]，创新驱动企业成长的观点越来越被研究人员所重视，但学术界尚未形成统一的观点和系统成熟的理论体系，创新驱动企业成长的理论观点还有待进一步加强和完善。

制造业的发展水平可以直接体现出一国的生产力发展水平和经济实力，发达国家和发展中国家在制造业的发展水平上存在重要的差距，并且在发达国家，制造企业的发展往往占据着国民经济的主要份额。纵观国内外经济社会发展历程，产业的兴起和国家的富强，很大程度上依赖于一批在技术创新上有重要突破的制造企业。例如亚洲开发银行曾对苹果手机的制造过程进行过一项研究，结果发现，一部苹果手机大概最终是按照178.96 美元的批发价进行发售，其中日本、德国和韩国分别可以通过参与苹果手机相关零部件的制造而最终获取约 34%、17%、13% 不等的分成，中国进行最后的产品组装，但却只能拿到 3.6% 的分成。由此可见，掌握关键设备和核心技术是企业尤其是制造企业取得竞争优势的关键所在，而中国在这方面的对外依存度仍然较高。从企业参与国际竞争的角度来讲，技术创新已经成为国际竞争的核心，掌握核心关键技术便意味着在世界竞争格局中优先掌握主动权。不仅如此，越来越多的专家学者普遍认识到技术创新是一个经济过程，而企业必然成为技术创新的主体。中国的制造业作为国家的支柱产业，一直保持较好的发展态势。然而，随着我国人口红利的逐渐减少，人工劳务费用成本的逐渐增加[5]，制造企业依靠廉价劳动力成本带来的优势实现发展和进步的道路已经越走越窄，这就迫切地需要制造企业加强自主创新能力，掌握核心关键技术，走创新驱动企业成长的发展路径。当今企业的竞争已经从以往规模的竞争逐渐开始转向内在发展质量以及创新能力的竞争，将企业的创新能力纳入企业成长理论体系中进行考察，具有重要的理论意义和现实意义。

伴随着企业成长相关理论研究的不断发展，人们逐渐在现实中开始注意到这一现象：在企业成长的现实发展过程中，不同企业的发展速度存在着巨大的差异，特别是有些企业的发展速度远远领先于同业竞争的其他企业，例如华为公司在 2013 年—2017 年五年间营业收入翻了 253%，利润翻了 194%。同样的情况，在国际上也存在，根据作者此前收集的统计数据显示，被誉为“朝阳产业”的生物医药产业在全球领域范围内的发展都非常迅速，平均每年生物医药产业的销售额增速高达 25%~30%，是最具成长性的产业之一。全球市场近 90% 的生物药品来自美国的默克、强生、罗氏、诺华等著名企业，这些企业的发展速度都处于行业领先地位，本书认为其具有“加速成长性”。这些具有“加速成长性”的企业毫无疑问是推动产业经济发展的重要力量，是为社会创造就业机会的重要来源，对国民经济的发展和国家综合竞争力的提升，以及促进经济结构转型升级皆具有重要意义，因此逐渐引起学术研究人员和政策制定者的特别关注。人们试图寻找到一些发展速度领先，具有较大发展潜力的企业，以研究他们的成长规律，进而为制定引导企业走向快速发展道路的政策提供切实的理论依据。而做这一切理论和实践研究的前提便是如何定义和识别加速成长型企业，遗憾的是，当下文献研究中对于这类加速成长型企业的内涵尚不清晰，评价方法不够完善，评价指标较为单一，评价标准也尚不统一。此外，在当今激烈的市场竞争环境下，知识经济和信息时代快速发展的背景下，企业间的竞争已经不再是单纯的规模上的竞争，企业内在综合素质的竞争扮演着越来越重要的角色，传统的将企业规模这一单一维度的发展视为企业的成长已经不能全面地反映出企业的发展态势，这迫切地需要构建更为全面的评价体系来表征企业的成长态势。

在实践中，目前国际和国内在研究企业成长理论的基础上，提出了一系列助力企业加速成长的重要举措，例如“企业加速器”“瞪羚计划”“独角兽加速计划”等。这些计划和举措在实践过程中面临着以下问题：如何发现那些具有成长潜力的企业？进入“计划”的企业筛选标准应该怎样设定？“计划”实行前后企业是否真正实现了加速？如何建立监测考评机制？应当从哪些方面对企业的加速成长提供服务？然而传统的企业成长理论及经济学相关理论尚不能为其提供借鉴依据，这也是导致各种“计划”运行效果并不达预期的原因之一。

上述一系列尚不能用传统的企业成长相关理论来进行解释的现象为本书提供了一定的研究基础，也为本书的研究提供了思路及可努力的方向。

1.2 研究意义

鉴于以上研究背景，本书提出了企业加速成长性的概念，并聚焦于企业加速成长的驱动机制机理及相关测度研究。本书主要研究内容为对企业加速成长性的界定方法、特征和内涵进行分析，对企业加速成长的驱动机理及基于不同驱动因素所产生的多元化加速成长模式展开研究，建立起一套企业加速成长性的测度模型和测度指标体系，运用合适的测度方法和工具对企业加速成长性进行研究，并基于以上理论分析对中国上市的制造企业展开相关实证研究。本书的研究内容对当前社会阶段制造企业的发展具有重要的理论及实践意义。

1.2.1 理论意义

第一，本书的研究内容在理论方面能够丰富传统的企业成长理论，扩充和完善企业加速成长的理论内涵，为企业加速成长理论的进一步突破起到抛砖引玉的作用，为企业加速成长性的量化测度提供可靠的理论依据。

第二，传统的企业成长理论以及企业成长性评价方式方法大多仅能对企业当下的成长能力进行评价，本书运用加速度作为测度工具对制造企业进行了加速成长性研究，构建了制造企业的加速成长指数。企业成长的加速度是一种能够衡量企业在一定时间内成长速度变化趋势的度量方式，不仅能够反映出企业当前的发展状态，还能在一定程度上反映出企业未来的发展潜力，因此本书在理论上能够弥补传统企业成长性评价理论中无法挖掘企业成长潜在力量的不足，能够为如何衡量企业成长速度的差异性提供量化测度依据。

第三，目前关于企业成长性评价的测度指标不够完善，对企业成长的定义和评价仍然局限在规模的扩张上，是基于规模扩张这一单一维度的成长论。而本书的独特视角在于企业的成长，并不仅仅包括规模的扩张，还包括质量的提高，以及创新能力的发展。本书构造了包含企业规模、企业质量以及企业创新能力的测度指标体系，从而全面地对企业的加速成长性进行评价研究，因此对现有企业成长的评价方式方法进行了一定程度的丰富和延伸，具有重要理论意义。

1.2.2 实践意义

第一，本书所提出的企业加速成长理论与测度研究，在企业加速成长性测度模型中除企业规模维度之外，引入了企业成长“质量”和“创新”这两个维度作为构成要素，通过实证检验的方式对创新驱动经济发展在企业这一微观领域的具体体现进行了分析，有助于明晰制造企业的创新驱动发展状况，助力企业核心竞争力的形成，有助于从企业微观视角对中国创新驱动发展战略的实施进行探索性分析，进而不断强化企业在国家创新体系中的主体地位，为科技和经济政策的制定提供相关的理论依据。

第二，本书通过企业加速成长指数的构建，能够为企业综合实力的排名提供客观、完善的评价依据，能够帮助企业更好地明确自身发展状况和发展阶段，以及与其他企业存在的差距，为各企业提供战略发展方向上的指引，便于企业通过及时调整未来的战略规划以保持企业的可持续发展，也为投资者的决策提供方向上的指引，为未上市企业估值提供相应的参考依据。

第三，本书能够为企业孵化器及加速器提供理论支持，为“加速器”“瞪羚计划”等助力企业加速成长的工具运行绩效的评价提供新的理论方法和依据，为政府政策的制定及投资者的决策指明方向。能够促进中国逐步形成一批依靠强有力的技术创新能力获取竞争优势的加速成长型企业，加快中国向创新驱动型经济发展阶段迈进的步伐，加快中国从“制造大国”到“创造大国”的转变。

综上所述，本书具有重要的理论及现实意义，对传统企业成长理论的进一步完善具有重要的学科价值，对提高我国制造企业的成长速度和成长质量以及成长潜力具有实践意义，为政府政策制定及投资决策提供理论借鉴依据，对国家建设创新驱动型企业和实施创新驱动发展战略以及建设创新型国家具有一定借鉴意义。

2 理论基础及文献综述

本部分主要对本书所用到的相关理论进行梳理，对相关研究领域的文献研究内容进行回顾和总结，并对现有理论及文献研究内容的贡献和不足进行述评，为本书接下来的研究提供理论依据和研究方向及研究思路。

2.1 企业成长相关理论

2.1.1 企业成长理论流派分析

企业成长理论一直是国内外经济和管理领域学术研究的热点，迄今为止，众多学者分别从不同的角度对企业成长理论展开了广泛而深入的研究。企业成长理论的研究先后历经了古典经济学、新古典经济学、后凯恩斯主义以及彭罗斯的企业成长论，研究范畴相当广泛，涉及企业行为、企业成长、企业组织及结构以及企业组织管理等多种内涵。由于不同学者对企业成长的内涵认识不同，使得企业成长理论方面的研究产生了众多不同的理论学派，并没有形成一个统一的理论体系。不过纵然文献成果纷繁复杂，对其进行细致的梳理和分析，如果按照企业成长的决定因素来自内因还是外因，大致可以将企业成长理论分成两大类别，分别是企业外生性成长理论和企业内生性成长理论。

企业外生成长理论强调企业主要是由外部因素的推动进而导致的成长，尤其强调市场因素对企业成长的影响作用，代表人物主要是 Coase、Williamson、Poter 等人[6]。Williamson 认为，企业进行扩张的动力就是为了减少市场交易费用，并由此开启了企业成长理论在交易成本论视角下的研究[7]，并分析了确定企业边界的原则等问题，他认为企业会通过一体化把原来属于市场交易的某些阶段纳入企业内部进而解决资产专用性带来的机会主义行为，这就造成了企业的成长，而这种企业成长就表现为企业纵向边界的扩张[8]。Poter 提出了以竞争优势理论为核心的企业成长论，认为企业竞争优势在一定程度上取决于企业所在产业的竞争结构，企业应该在综合考虑竞争者、购买者、供应者、替代者、潜在竞争者这五种要素的基础上确定企业的竞争战略，企业竞争战略又会对以上五种基本竞争要素产生一种反作用力，并进一步影响产业结构和竞争规则，从而增进企业的竞争优势，促进企业的成长[9]。

企业内生成长理论的研究成果相当丰硕，重点包括彭罗斯的内生成长理论、资源基础学说的企业成长理论、学习型组织理论的企业成长理论等。主要代表人物有 Adam · Smith、Marshall、Penrose、Dodson 等人。企业内生成长理论最早的思想来源要追溯到 Adam · Smith（1776），他认为企业提高生产效率的关键在于人员的分工，而生产效率的提高可以导致企业的成长，因此企业成长的根源是人员劳动的分工[10]。马歇尔认为，企业的成长从本质上讲就是一个寻求规模最优化的过程，企业的成长能力来源于企业内部职能分工中的知识积累和组织协调[11]。彭罗斯在马歇尔的理论基础上进一步探索了单个企业的内生成长过程，在其发表的《企业成长理论》中，首次提出了企业成长理论的概念[12]，她主要是从企业的内部来解释企业的成长，认为企业的成长主要取决于企业现有的资源和能力，取决于企业能否有效利用现有的资源，彭罗斯的《企业成长理论》在企业成长理论的演进过程中具有里程碑式的意义。在她的书中，企业家的主要职责在于发现并且组织公司的资源来获取潜在的收益，企业家处理企业的资源和营业策略的主要动力来自企业家的雄心壮志、足智多谋，以及收集、组织和利用信息进行判断的能力。彭罗斯的企业成长理论也是资源基础理论的主要思想来源，20 世纪 80 年代以来，资源基础企业理论的许多学者从企业内部资源角度讨论企业的内生成长[13, 14]，他们认为，企业的成长是内生的，企业的内部资源、知识和能力决定了企业成长的方向和模式。

近几年国内针对企业成长理论的研究也有着相当可观的研究成果，杨林岩和赵驰认为企业成长的研究应该重点着眼于企业的内生性理论，并且将理论知识以及复杂性科学等先进的研究思想和理念应用到企业成长当中去，这样才能取得长足发展[15]。王念新等人在研究中通过对 296 家企业的问卷调查结果进行数据统计分析，得出了企业可以通过学习技术应用能力来提升企业在市场上竞争力的结论[16]。高兴野等人在研究中认为新古典经济学把科斯思想与研究方法割裂的思维习惯，造成了现代企业理论研究的困境，企业理论的发展，尤其是我国企业理论的研究，应当在合理使用数学工具的同时，回归科斯的研究方法[17]。霍国庆等人对科技型中小企业成长的研究现状进行了探讨和展望，认为虽然众多研究结合科技型中小企业的特点提出了各种新颖的成长观点，但科技型中小企业的成长理论发展仍滞后于产业方面的变化，将系统动力学、复杂性理论等一些前沿的研究理念与方法与企业的实时成长动态结合起来进行研究，将是科技型中小企业成长理论的一个值得深入探索的方向[18]。赵丽娟认为企业成长的真正动因是企业能力，要实现企业持续成长比较重要的一点就是要培养企业的核心能力，推动企业能力演化、出现能力盈余具有非常重要的意义[19]。覃巍通过对已有文献进行回顾与述评，发现生物学类比在企业成长理论研究中的贡献具有持续性，但现有相关研究仍有许多有待拓展的方面，如案例研究比较缺乏、对企业成长过程中各个要素之间竞争与合作关系研究不够深入等，并指出未来企业成长理论的生物学类比研究可在形成生物学类比与企业成长更加严密的法理学基础和构建"企业生态成长理论"两方面有所突破[20]。陈建和章华强通过研究指出，企业在并购过程中，只有充分发挥自身的资源能力优势，才能获得更大的价值[21]。除此之外，企业家的能力对企业的成长也有着直接或间接的作用，杜南珏和李小军对企业生命周期中的各个时期进行了研究，进而以此为根据总结了企业家在企业的各个成长阶段所需要具备的能力[22]。刘长庚和王迎春在资源和能力基础以及企业理论的基础上发展出核心资源基础企业理论，认为企业在生产经营过程中不断释放出剩余核心资源，这使企业获得了新的生产机会，从而不断进行内生性成长，它对企业的成长起关键作用，通过建立以企业核心资源为基础的企业内生成长模型，可以得出企业专业化成长、多元化成长和国际化成长的关键条件[23]。谢作渺和庄才钱针对科技型小企业的企业成长理论做了综合性分析，认为科技型企业更容易、更及时地获取有关信息，企业内部的交易成本减少了，企业边际具有不断扩大的趋势，集群效应大大增强了小企业的技术创新能力，提高了小企业的市场竞争地位[24]。张敬伟通过对新企业成长过程的研究结果进行文献梳理，发现现有研究主要从线性成长、非线性成长和过程机理三个视角研究新企业的成长过程，认为今后对新企业成长的研究主要应考虑以下几点：强化对新企业本身成长特点的关注，从阶段模型构建转向阶段转换驱动因素和作用机理研究，深化针对某一类新企业成长过程的研究以及注重新企业成长过程的解释性研究[25]。刘振等人通过文献梳理与总结，对国外社会企业成长与发展趋势做了探讨，认为社会企业成长的共性是要不断平衡社会价值和经济价值，不过不同类型社会企业的成长驱动因素和挑战不同，因此社会企业成长未来的研究方向应着眼于手段向导视角、合法性视角及社会网络视角[26]。徐久香等人基于扎根理论分析法对奇瑞公司的成长模式进行了研究，研究发现奇瑞公司通过嵌入破坏式创新战略实现了快速成长，揭示了其由模仿创新向自主创新转变的内在机制并构建了基于破坏性创新的企业成长模式[27]。田先钰和王晓基于成长理论视角及生命周期理论对科技型中小企业管理创新演化路径进行了分析，提出了以生命周期为纵向维度、企业管理创新模块为横向维度的科技型中小企业管理创新演化路径，并通过案例分析验证了理论结果[28]。

众多关于企业成长理论的研究结果为我们研究加速成长型企业的成长机理和机制奠定了坚实的理论基础，但同时这些不同视角下的研究成果也告诉我们，企业成长是一个复杂的有机动态过程，我们不能仅仅静态地从较为单一的角度来考察企业的成长，还应将一些前沿的理念以及复杂学科的思想与实践中企业的动态发展结合起来，构建一套系统的、有机的企业加速成长理论框架，将有助于我们更加全面深刻地把握企业加速成长的内涵及特征。

2.1.2 企业生命周期理论

2.1.2.1 企业生命周期理论的演变

“企业生命周期”的概念最早由哈佛大学 Larry E.Greiner 于 1972 年在《组织成长的演变和变革》一文中首次提出[29]。自企业生命周期这一概念被提出以来，众多研究人员分别从经济管理学角度、生物学角度、心理动力学角度等对企业的生命周期问题进行了广泛而深入的探讨。

Nelson 和 Winter 等人从生物学角度出发，对企业成长的生命周期问题进行了研究。他们将企业看成是一个有生命的有机体，有着诞生、成长、壮大、衰退、死亡的演化过程，企业具有新陈代谢、自我复制性和突变性，企业的成长借助多样性、遗传性和选择性来完成。在企业成长过程中，受到企业外在市场环境的影响和限制。企业的成长要遵循量变到质变的基本过程和规律，当企业从一个生命阶段过渡到另一个生命阶段的时候，企业会面临独特的转型升级问题。在此前后企业将会呈现出截然不同的生长状态。质变发生之后企业功能和能力将发生显著的改变。

Churchill、Quinn 和 Ichak Adizes 等人认为在企业成长过程中应当关注不同企业不同成长时期的特征问题，他们从企业家周期、企业的核心技术周期等多个角度来分析企业的生命周期，认为这些周期的存在和叠加产生企业的整体生命周期。企业生命周期不同阶段有多种划分方式，其中最著名的当属 Adizes 的划分方法，他将企业生命周期划分为三个阶段和十个不同时期，三阶段即“成长阶段”“成熟阶段”以及“老化阶段”，这三个阶段又可细分为孕育期（courtship stage）、婴儿期（infant stage）、学步期（go-go stage）、青春期（adolescence stage）和盛年期（prime stage）；第二阶段为老化阶段，又分为稳定期（stable stage）、贵族期（aristocracy stage）、官僚期早期（early bureaucracy stage）、官僚期（bureaucracy stage）和死亡期（death）。具体如图 2-1 所示。

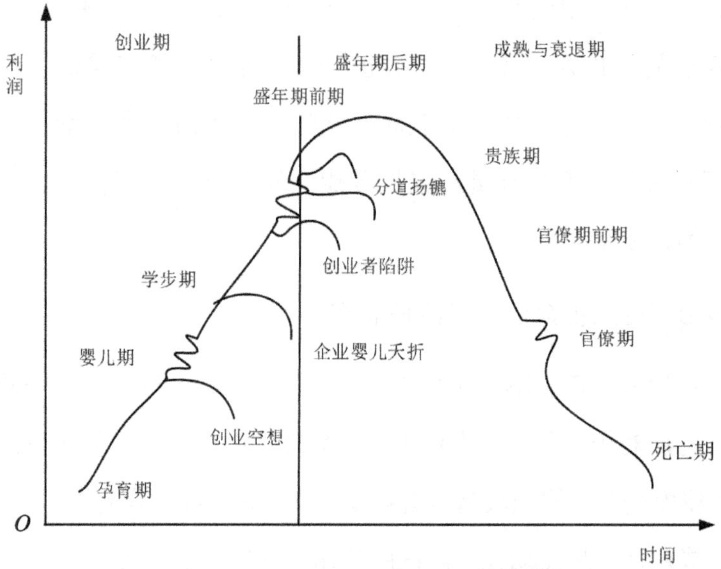

图 2-1　Ichak Adizes 的企业生命周期阶段划分

各种企业生命周期理论的共同点是都把企业看成是类似有生命的有机体的演化过程，从生存和发展的角度去考察企业从诞生到衰亡的全部过程，发现企业在成长过程中可能出现的危机以及企业衰退的深层次原因，揭示企业成长过程的规律性，避免企业可能出现的危机事件，寻求企业的健康成长。然而企业尽管有着类似生物界有机体的发展趋势，但仍然与自然的生物成长之间有着本质的区别，主要体现在以下几点。①企业有可能在发展过程中发生倒回之前某个发展阶段的状况，但生物体是不可能发生的。②企业在成长过程中，受自身内在因素和外部环境因素的双重影响，这个过程充满了不确定性和随机性，因此难以做到对企业的下一阶段生存状态进行预测，但是自然生命体的生命周期各个阶段却可以预测。并且对于企业生命周期是否存在明显的阶段性，这一观点还没有被研究人员达成广泛的共识。③企业生命周期各个阶段，不管哪种形式上的划分，都只是概念模型上的，形式比较明确，逻辑也较为合理，但是还无法做到运用生命周期阶段理论去判断某个企业所处的生命阶段。④不同企业的成长方式各式各样，但所有企业都希望能够长寿且健康，但“长寿”是一个非常模糊的概念，从整个群落的角度来看，让一些病态的、不健康的、不具有重新成长可能性的企业死去，或许更有利于整个群体环境的发展。

2.1.2.2 企业生命周期各阶段特征

企业在生命周期各不同阶段分别具有不同特征，理解企业不同生命阶段的具体特征对于深刻理解企业生命周期理论的内涵，把握企业的成长状态，及时调整企业的成长战略具有重要意义。表 2–1 重点对企业在初创期、成长期、成熟期和蜕变期几个阶段的具体特征进行了分析。

表 2–1 企业生命周期各阶段特征描述

生命周期阶段	特征	应解决的重点问题	陷阱
初创期	企业雄心勃勃，愿意对风险做出承诺，把所有事情都看作是成长机会；具有行动导向、机会驱使的特点，但管理和销售经验都不足，产品尚未被市场广泛接受，销售增长缓慢；此时期企业负担重，实力弱小，但成长比较迅速	搭建企业家平台，营造良好的营商环境，人、财、物的恰当投入	谨防产品定位陷阱
成长期	企业在此时期成长速度最快，规模效益开始显现，市场开拓能力迅速增强，市场份额逐渐扩大，产品品牌和企业的名声开始为人知晓，企业开始产生较多利润。但在该时期，企业产权结构可能发生变化，因此也会产生诸多矛盾	高度注重战略管理，管理的制度化，股权结构优化，贡献利益分享，重视文化和组织结构的优化	谨防股权收益陷阱。企业扩张陷阱
成熟期	企业开始进入盛年期和稳定期，灵活性和可控性达到平衡，市场份额稳定，组织良好，制度健全，新的业务开始萌芽，企业文化也已经逐渐形成，但在这一时期，人们趋向于更加保守，关系网络开始变得重要，缺乏创新，拘泥传统	注重文化理念设计，注重核心能力的培养与强化，注重创新和变革，注重接班人的培养	谨防管理困境与官僚体制陷阱
蜕变期	企业内部斗争开始变得激烈，忽视客户的感受，喜欢追究责任，开始变得官僚化，缺乏创新，企业难以产生所需现金	企业全面再造，创新精神	谨防思想观念陷阱

2.2 企业成长性评价理论与测度研究

企业成长性评价是企业成长理论中一个比较重要的分支内容，对企业的成长性进行评价有助于深入了解企业的成长机制和机理。目前关于企业成长性评价的理论和时间方面的研究成果也相当丰硕，总结起来大都集中在企业成长性的影响因素，评价指标体系的建立和完善，评价方法的分类和选择，对企业进行实证案例研究，以及对企业成长性进行排名等几个方面。

2.2.1 企业成长性影响因素及评价指标的选择

目前，国内外众多学者对企业成长性影响因素以及评价指标体系的建立做了广泛研究。随着越来越深入地对企业成长性相关影响因素的理论研究，企业成长的评价指标体系也日趋完善，由最开始的单一指标逐渐演变到多指标综合评价体系，由单纯的财务性指标量化逐渐过渡到了包含能够体现企业成长质变的非财务指标的更为全面的评价体系。

美国管理学会曾提出了企业成长性评价指标，该指标涉及经济功能、企业结构、盈利健康程度、股东服务、研究发展、董事会效力、财务政策、生产效率、销售活力和经理人员质量十个方面的内容。这一评价思路具有实用性并且应用范围较广，但企业的成长并不是一个简单的归一化过程[30, 31]，也不是一个静态的、一成不变的现象，而是由多方面因素决定的动态发展过程。并且随着社会经济的进步，企业的成长越来越呈现多元化趋势，尤其是越来越多的高科技型企业的出现，使得企业的竞争力不仅仅体现在财务水平的增长，还受到很多其他方面的影响，比如创新能力、学习能力、企业规模以及企业年限等因素。早在 1982 年，Nelson 和 Winter 等人就发现企业的成长和企业的创新能力有着密切的关系，并且 Nelson 更进一步强调了研发经验的大量积累和强大的知识基础可以提高研发效率[32]。Cefis 和 Marsili 用荷兰制造企业的数据研究了创新与企业存活之间的关系，他们指出创新溢价对企业在所属行业的生存是有益处的，过程创新似乎对企业的存活有着更加独特的影响[33]。Cassia 和 Colombelli 的研究表明，大学知识的输入和输出是英国创业型企业成长的重要决定因素[34]。Coad 等人的研究表明，相对于一般的企业，创新的作用对于那些“高速成长”型的企业来说更加重要。近期国内外学者关于企业成长的影响因素方面的研究也是相当广泛[35]。Lee 通过构建基于“Research and Development”的企业成长模型，深入分析了学习能力对企业成长的潜在影响，并根据研发能力和技术提升能力的不同将企业的成长模式分成了三种，分别是收敛型成长模式、持续增长型成长模式和衰退型成长模式[36]。

尽管在理论上来讲，企业创新和企业成长之间有着显著的正相关关系，但在实证研究中仍然没有统一的结论[37]。部分研究人员研究表明企业创新能力和企业成长之间存在正相关性[38]，也有部分研究人员研究发现企业创新能力和企业成长之间无明显的相关性甚至呈现负相关[39, 40]。最近的一些研究表明，企业创新能力和企业成长之间的正向关联高度依赖于企业自身的一些特征[41]，包括专利申请[42]、创新的持久性[43, 44]，以及企业是否引入产品或流程创新[45]，此外还有研究表明，这些因素不仅会随着时间发生动态变化，还会相互制约[46]。Naldi 和 Davidsson 通过对 138 家中小企业的研究调查发现，国际知识的获取对企业的成长有积极的影响，但影响力度随着企业年限的增加逐渐减少，即企业的成长与企业年龄的大小也存在一定的关系[47]。Deligianni 等人以 5 家小型科技企业为样本深入研究了企业不同知识架构类型和公司战略之间的交互作用对科技型小企业成长状况的影响。研究结果表明，将技术知识与市场知识相互结合起来有助于科技型企业的国际化经营，不同的知识架构会促使企业形成不同的战略选择，而战略管理又会促进知识的重新配置，彼此间在相互影响相互依存下形成小型科技企业不同的成长路径[48]。Coad 等人的研究同样表明，研发投入对企业成长的影响与企业的“年龄”有关，相比于老企业来说，新企业中研发投入对其成长性的影响具有更大的不确定性[49]。Hernández 等人的研究表明，企业通过进口和出口业务可以推进企业获取新的技术和市场知识，进而对企业的成长有着显著的影响，并且在同一国家同时进行进口和出口业务的模式对企业成长的促进作用最大[50]。Martínez-Román J A 等人在研究中利用多元线性回归模型，以 113 家 Andalusia 企业作为样本探究了创新能力对建筑类企业的成长及市场扩张的影响，研究表明企业产品创新主要是由内部因素影响作用，而过程创新主要是由外部知识资源来形成和影响，产品创新可以推进企业的市场扩张及国际化，过程创新则对企业的成长有显著的正向影响力，总之企业的创新能力对提高企业自身的竞争力，促进企业的成长有着显著的促进作用[51]。Marco 等人以研发经费支出作为指标，用分位数回归的方法对技术创新和企业成长及企业出口的关系做了探讨，他们认为研发投入对企业员工数量的增长具有正向促进作用，但由研发引起的出口贸易与企业员工数量的增加呈现负相关的现象[52]。Subrahmanya 等人对 200 多家中小企业进行了研究分析，发现研发投入等指标均与企业的营业收入有正相关的关系，这验证了技术创新能力对企业成长的促进作用[53]。Bogliacino、Falk 等人的研究结果也表明研发支出对企业的成长具有正向的积极作用[54, 55]，而部分学者在研究过程中得到了不一致的结论，例如 Brouwer 的研究表明研发投入对企业的成长具有消极的影响作用[56]，Nunes 等人运用两阶段估计法得出了企业的研发投入强度与企业成长呈现倒 U 形的关系，并非负面影响作用[57]。除此之外还有部分学者的研究表明技术创新投入与企业成长并无明显的相关性[58, 59]。

在国内研究中，廖中举基于结构方程模型对长三角地区 279 家制造类企业的利益相关者压力、环境创新与企业成长三者之间的关系进行研究，结果显示社会压力和行业压力能够促进企业进行环境创新，不过环境创新对大规模企业的成长是有利的，对小规模企业的成长影响并不明显[60]。张军等人通过对华为的时间序列数据进行分析探究了不同新颖度知识创造与企业成长动态关系，研究结果显示知识创造对企业成长的效应具有一定的滞后期，并随时间推移呈现出先递增后递减的“倒 U”形特征；随着所创造知识的新颖程度提高，知识创造对企业成长的影响呈现出近似 U 形型的特征，知识创造是企业成长的内在引擎和动力源泉[61, 62]。通过对 209 家企业数据进行分析，深入探究了企业家特质、能力升级与国际新创企业成长三者之间的关系，研究表明，市场知识能力的升级可以推动产品创新能力升级；而企业家的国际注意力对市场知识能力升级和国际新创企业成长具有显著的影响作用，此外，能力升级有助于企业国际市场绩效水平提升。池仁勇等人的研究认为，在构建企业成长性评价指标体系时，不仅要考虑企业当前的发展能力，也要考虑企业的潜在能力，并根据这一原则，构建了中小企业成长指数模型，通过对沪深股市中浙江省中小上市公司进行实证研究，从而得出了浙江省中小上市公司成长性排名[63]。刘曜和干胜道的研究表明，在测度成长的各种指标中，很难判断谁是最优的成长性指标，但是使用多种指标综合评判应该会使施政关系更为完善，并且可以检验理论模型的稳健性[64]。张玉明和段升森基于仿生学理论对企业成长指标体系进行了遴选，又对各指标经过层层实证筛选，最终确定了包含外部成长能力模块和内部成长能力模块四个层面的由 27 个指标构成的中小企业成长能力评价指标体系，并且对其有效性和可操作性进行了检验[65]。宋正刚和牛芳从不同流派企业成长研究对企业成长性认识的基本假设入手，将企业成长分为基于效率的成长与基于效能的成长两个大类，按照这两种逻辑对企业成长性评价与界定方面的研究文献做了梳理与总结回顾，最终在此基础上构建了企业成长的二维评价模型，即企业成长的评价模型应该同时包含效能和效率两个维度，效率维度指标具体可能包括每股盈余、净资产利润率、市场占有率等常见的 KPI 财务指标，效能维度主要关注企业的价值创造与管理能力的提升，一般考察的是对于解决企业特定发展阶段遇到的关键障碍或难题，企业所用到的重要的手段或工具[66]。

以上众多的研究启示我们，在构建测度企业成长的指标体系时应系统、准确、可测地选择指标，科学地反映出企业实际的成长状态。

2.2.2 企业成长性测度方法的选择

在企业成长的测度方法上，主要有以下几种：单一指标法、灰色关联度法、层次分析法、隶属函数评估法、熵值法、二维判断模型评价法、突变级数法、主成分分析法以及因子分析法等。单一指标法比较片面，无法涵盖成长的多方面，随着指标体系的越来越完善，将逐渐被淘汰。慕静等人在研究中利用主成分分析法，建立了一种中小企业成长性评价模型，并对 18 家中小企业进行了实证分析[67]。荆浩等人采用二维判断模型评价法与相对综合成长比率识别法相结合的方法，依据成长指数筛选出了一些具有高成长特点的企业[68]。刘金林等人采用因子分析法构建了我国创业板上市企业的成长性评价指标体系，进而对 28 家企业的成长性进行了实证研究，最终对这 28 家企业成长性进行了综合性评价[69]。冯昀和郭洪涛从企业的盈利能力、偿债能力、营运能力、技术创新能力、发展能力等五大类指标着手，通过构建因子模型，对创业板上市的272家民营企业进行了成长性综合评价，研究认为创业板上市企业的成长性普遍尚可，技术创新对企业成长性的贡献不大，没能成为企业成长过程中的重要支持力量[70]。

陈晓红等人在研究中分别用灰色关联度法和突变级数法对中小上市公司的成长性进行了比较研究，得出如下结论：灰色关联度法的优点在于思路清晰，可在较大程度上化解信息不对称带来的损失，且对数据要求较低[71]。其主要缺点在于主观性过强，部分指标最优值难以确定，这无疑会给评价带来较大困难；而突变级数法最大优点在于不须对评价指标赋以权重，这大大减少了人为主观性，使评价结果更加科学准确，同时其能够将不易于量化的一些指标给以定量的分析。但其缺点在于评价中容易出现最终评价值雷同的现象，另外突变级数法需要在同一层次的指标上区分指标的重要程度，这增加了指标设计的难度以及评价中的主观性。尽管突变级数法也有自身的局限性，但综合来讲该方法无疑是属于客观评价法里的佼佼者，因此被后来学者广泛应用。突变级数法是一种对评价目标进行多层次矛盾分解，然后利用突变理论与模糊数学相结合产生突变模糊隶属函数，再由归一公式进行综合量化运算，最后归一为一个参数，即求出总的隶属函数，从而对评价目标进行排序分析的一种综合评价方法。

陈守东和陶治会应用上述陈晓红提出的突变级数法对2009—2011年度创业板上市公司的成长性进行了研究，构建了创业板上市企业的成长性指数，研究发现创业板上市企业的成长性指数并不稳定，认为创业板的发行方式应当有所变革，今后应鼓励产业链下游企业的Initial Public Offering来丰富创业板的行业结构，进而提高创业板上市企业整体成长的稳定性和代表性[72]。

众多研究内容展示了多种测度方法，为本书的研究提供了方法上多种选择的基础。表 2–2 对一些比较经典的评价方法优缺点进行了归纳总结，本书应该在综合评价各个方法优缺点的基础上，有针对性地选择最适合的方法，再引入新的数学模型和工具，两者相结合，完善对企业加速成长性测度的方法和工具研究。

表 2–2 企业成长性评价中各评价方法优缺点分析

评价方法	简介	优缺点
单一指标法	用某一个单一指标或者多因素合成一个指标	计算简单，但比较片面，无法涵盖成长的多方面
层次分析法	定性定量结合的系统化层次化分析方法	清晰明了，适合存在主观和不确定信息时用，但是赋权时含有太多主观成分，不易信服
隶属函数评估法	根据模糊数学的原理，根据隶属函数进行评估	没有考虑各项指标的动态变化，结果难以反映一个企业的真实情况
熵值法	根据指标的差异程度从而得出该评价指标在这个评论体系中的权重	避免了人为因素，但容易忽略各个指标本身的重要程度，且熵值法不能减少所研究样本综合评价指标的维数
突变级数法	对评级目标进行多层次矛盾分解，利用模糊数学与突变理论产生模糊隶属函数，再由归一化公式进行量化	没有对指标赋予权重，但是考虑了相对重要性，减少了主观成分又不失合理性
因子分析法	根据相关性大小把变量分组，使得同组内的变量相关性较高，不同组的变量相关性较低或不相关，每组变量代表一个公共因子	因子分析法用原始数据得出的公共因子的方差贡献率作为权重来构造综合评价指数，消除了人为估计的主观性，相对客观地反映了变量之间的关系

2.3 企业竞争优势理论的演化

企业成长的过程是企业内在素质的逐步提升、外部价值网络的逐步形成并且优化，在此基础上凭借合理的商业模式和竞争战略，在同行中逐步形成竞争优势，进而实现业绩增长的过程。因此企业成长问题的核心在于企业竞争优势的获取，企业竞争优势的差异化导致了不同企业成长模式的差异。

研究竞争优势的创造和获取一直是战略管理领域的主流研究内容和中心议题之一。竞争优势理论主要回答和解释“造成不同企业之间成长性差异的主要原因”这一问题，不同的学说或理论对这一问题有着不同的解释，竞争优势理论沿着经济学和管理学的发展轨迹不断进行演化，按照竞争优势形成的主要来源是企业内部因素主导还是外部环境市场因素主导可以分为企业竞争优势的市场结构论和企业竞争优势的能力论。

2.3.1 企业竞争优势的结构论

新古典经济学理论认为企业的成长主要取决于外生变量及企业外部的技术、成本结构和市场条件。新古典企业理论假设市场是完全竞争的，并将企业看成同质的，企业业绩和利润差异产生的原因主要是行业选择的不同，但不可否认同一行业下企业间也是存在着较大的利润差异，要解释这一现象就必须突破完全竞争市场的假设，由此产生了在不完全竞争市场理论下对企业竞争优势的讨论。行业结构学派的早期代表 E. S. Masson & J. S. Bain 形成以“结构—行为—业绩（SCP）”为分析范式的产业组织理论，即梅森－贝恩范式。该范式的核心观点是市场结构决定企业行为，企业行为决定企业绩效[73]。

Porter 对 SCP 范式进行了改造，他指出企业的成功是产业吸引力和相对位置的函数，产业的可盈利性能够分解为产业效应和定位效应，在此基础上提出“五力”模型，认为一个行业的竞争状态取决于五种力量（供应商、顾客、替代者、互补者和同行）的相对强度。这些竞争力量合起来决定了行业的最终利润率，而企业的行业定位则决定了行业内业绩的差异，也就是按照行业结构理论来讲，企业成长存在差异的形成主要是因为行业壁垒的存在[9]。

企业竞争优势的机构论将企业绩效差异化的原因归结于行业和市场结构因素，将企业看成一个“黑箱”，忽略了企业的自身特质，因此无法回答在同一条件下企业成长存在差异化的原因，逐渐受到后来研究人员的批判。在此背景下此后关于企业竞争优势的研究逐渐从产业结构关注到企业自身特质以及企业内在能力的角度，企业竞争优势的能力理论应运而生并快速演化和发展起来。

2.3.2 企业竞争优势能力理论

企业竞争优势能力理论主要从企业自身特质、企业本身所具有的内在能力角度来分析企业成长存在差异化的原因。企业竞争优势能力理论逐渐由资源基础观、核心能力理论过渡到动态能力理论和后来的企业知识基础论。

2.3.2.1 资源基础论

资源基础论[74]（Resource Based View）是最早对产业结构理论提出挑战的一种理论，该理论认为企业是各种资源的集合体，由于拥有的资源不同，企业具有异质性，这种异质性决定了企业竞争力的差异。概括地讲，企业的资源可以分为三类：有形资源、无形资源与知识资源。资源基础论认为企业内部的这三种资源在企业间存在差异，而资源的优势会产生企业竞争优势。此外，企业所拥有的稀缺性与不可复制性的资源是企业获得持续竞争优势的关键所在。从资源基础论的角度来讲，企业成长性存在差异化的原因来自企业所拥有的独特的资源。

自资源基础论提出以后，研究人员进一步寻找能使企业不断获得持续竞争优势的资源，在此基础上发展出了企业的核心竞争力理论、动态能力理论以及知识基础理论。

2.3.2.2 核心竞争力理论

核心竞争力即企业所具备的核心能力（core competence），核心竞争力的概念由 C. K. Prahalad &Gary. Hamel 在 1990 年首次提出。他们通过对世界 500 强中部分机械和电子企业的实证研究提出了企业持续竞争优势源自企业的核心竞争力，并把这种竞争力定义为企业内的一种累计知识，特别是关于协调不同生产技术和有机结合各种技术流派的学识[75]。核心竞争力理论认为核心竞争力是企业扩大经营的基础，是企业所特有的、能够经得起时间考验的、具有延展性，并且是竞争对手难以模仿的技术或能力。企业核心竞争力有以下四个基本特征。①价值性。这种能力首先能很好地实现顾客所看重的价值，如能显著地降低成本、提高产品质量、提高服务效率、增加顾客的效用，从而给企业带来竞争优势。②稀缺性。这种能力必须是稀缺的，只有少数的企业拥有它。③不可替代性。竞争对手无法通过其他能力来替代它，它在为顾客创造价值的过程中具有不可替代的作用。④难以模仿性。核心竞争力还必须是企业所特有的，并且是竞争对手难以模仿的，也就是说它不像材料、机器设备那样能在市场上购买到，而是难以转移或复制。这种难以模仿的能力能为企业带来超过平均水平的利润。

尽管核心竞争力理论得到很多学者和企业家的认同，但陈传明的研究发现，企业的核心竞争力在外部环境变化时很容易表现出抗拒环境变化的惰性即“核心能力刚性”[76]，因而不能很好地适应外部变化导致丧失竞争优势。由此，Teece 等人在熊彼特“创造性毁灭”的思想基础上提出了“动态能力理论”[77]。

2.3.2.3 动态能力理论

鉴于核心能力理论的缺点，Teece 等人最初提出了改变能力的能力即动态能力的概念[77]，并把动态能力定义为公司整合、构建、重新配置内部和外部以应对快速变化环境的能力，动态能力理论强调企业必须不断适应更新变化的环境，不断更新和发展自己的能力，而这种能力的主要来源就是知识和技能的获取，知识和诀窍的管理，即动态能力就是企业组织长期形成的学习、适应、变化、变革的能力。

动态能力源自资源基础理论，吸收了核心能力理论的许多观点，并结合了熊彼特“创造性毁灭”的思想，因此除具备核心能力的一些特征之外，还在创新上具有开拓性动力。在动态能力理论观点下，企业为获得持续竞争优势，需要的是能够进行创造性毁灭的能力。所以动态能力理论强调建立从外部途径吸纳知识的特殊能力，这与强调企业能力内部化积累的资源基础论和核心能力论有很大的不同。动态能力理论主要强调以下几点。①强调快速创新；②强调实时反应；③强调短期竞争优势；④强调资源与能力的重整、组合、获取与调适；⑤强调网络型组织；⑥强调本身能力改变的速度与低成本。至此，能力是企业竞争优势的来源成为定论，但对于能力获取的来源和决定因素尚无统一解答。

2.3.2.4 企业知识基础论

随着对能力理论的进一步研究，越来越多的企业家和理论家认识到，推动企业能力形成和发展并决定企业竞争优势的关键是企业掌握的知识，尤其是很难被竞争对手模仿的缄默性知识以及与知识相关的学习。“企业知识基础论”强调从企业所拥有的知识角度定义企业和探讨企业竞争优势来源的理论。企业知识基础论的核心观点在于：企业是拥有知识以及创造和应用知识的能力的实体；知识是一种竞争武器，企业拥有的知识以及创造和应用知识的能力是竞争优势最重要的源泉；尤其是在知识经济时代，企业的成功取决于企业所掌握的知识以及对知识的应用。

从企业竞争优势的能力理论不断演化的过程，可以看出知识和创新能力在竞争优势理论中的地位逐渐凸显，企业通过不断地学习获取一定的知识存量，将获得的知识加以应用和转化，就形成了企业独有的创新能力和适应外部环境变化发展的能力，企业独有的知识资源和创新能力使得企业形成了独特的、难以模仿和复制的能力，因此形成了竞争优势，尤其在知识经济和信息时代的大背景下，学习和创新能力成为企业在瞬息万变的竞争格局中获取竞争优势的主要来源。

2.4 高成长性企业测度与评价研究

目前学术界对于“加速”成长性企业的研究尚存在不足，但已经出现关于高成长性企业的研究。高成长性企业为企业成长理论的研究提供了一个全新的视角，高成长性企业的成长特征及企业具有高成长性的原因更是学术研究关注的焦点[78]。另一方面，由于高成长性企业对投资者来讲具有创造长期经济回报的潜质，使得高成长性企业的重要性更加凸显[79, 80]。关注高成长性企业还有一个重要的原因就是高成长性企业可以创造更大的就业机会。正如 Nightingale 和 Coad 在其研究中强调，石油危机后的失业率增长时期增加了人们对小企业的关注度[81]。Brich 也在其研究中指出，美国的小公司相比于大公司更有利于创造就业机会[82]。很多实证研究表明，尽管很多小企业不成长或者成长十分缓慢，但是那些高成长性企业对于创造就业机会来讲十分关键[83, 84]。在工业企业动态研究中，一个比较稳健的结果是企业的增长率分布极度歪斜，因此研究人员逐渐将研究兴趣从小企业转移到具有高成长性的企业上去。Henrekson 和 Johansson 在 2010 年的时候对涉及高成长性企业的文献进行了检索分析，从 1990 年开始，仅有 20 篇左右关于高成长性企业的文献发表，这明显少于预期[85]。但是2010年以后，涉及“高成长性企业”或者“瞪羚企业”相关关键词和主题的文献数量多于100篇，同时Henrekson和Johansson在2010年发表的文章引用量已经超过250次。这表明近几年学术研究人员对高成长性企业的关注度逐渐提高。

学术界这种对于高成长性企业关注度的提升对于国家制定相应企业发展政策也具有一定的引导作用。不少学术研究认为，国家应当将注意力从关注那些创立初期的企业转移到具有高成长潜力的企业上来。Shane在其研究中指出政府投入大量的资源去支持那些创立初期的企业，但是很多创立初期的企业成长的愿景、成长的能力甚至存活的机会都是十分有限的[86]。Hölzl在其研究中对旨在支持所有中小企业的政策和旨在仅支持具有较高成长潜力企业的政策做了相应的区分[87]。在实践过程中，部分政策制定者已经采纳了学术研究领域的这些想法，欧盟委员会在其《欧洲2020年战略报告》中已经提出将支持高增长中小企业作为一个政治目标[88]，经济合作与发展组织（OECD）同样也提出了类似的问题，即如何促进高成长性中小企业的发展[89]。

学术研究人员和政策制定者对于高成长性企业的关注度不断增长，因此也产生了一些创造性的研究成果。目前已有不少研究对高成长性企业是否是小型企业[90, 91]，是否为年轻企业[92]，是否为家族企业[93]，以及是否属于特定的行业[84]、特定的地区[94]或者特定的国家[95]等等这些内容展开了分析。以上大部分研究内容均认为研究高成长性企业有助于政府对经济增长政策的制定。尽管高成长性企业一直受到企业成长领域的广泛关注，但因其成长过程比较复杂多变，组织结构的发展比较难以追踪[96]，使得高成长性企业难以测度和分析量化[97]。因此尽管众多研究均强调了高成长性企业的重要性，但对于高成长性企业的界定和识别，高成长性企业的驱动因素，以及高成长性企业成长过程的机制机理等均没有一个统一明确的标准，尚不成体系[98]。

2.4.1 高成长性企业的概念和界定

当讨论高成长性企业时，首先需要明确和理解的便是什么是高成长性企业，但目前相关研究领域在高成长性企业的概念和界定这一关键问题上尚无统一定论，现有的经济学和管理学理论基础也无法为高成长性企业的界定提供借鉴依据。不过 Delmar 和 Davidsson 在其研究中强调，当衡量企业的成长时，至少有四个方面的内容需要考虑。①成长的指标；②增长的测度方法（绝对变化还是相对变化）；③研究的时间跨度是多少；④企业成长的过程[90]。

企业成长的指标是指能够观测到的企业成长的变量，在研究高成长性企业的文献中最常用的衡量指标是销售收入和员工数量[99]，几乎所有的文献中都至少用到了这两种指标的其中一种。尽管企业的员工数量和销售收入的增长之间只有微弱的关联[100]，但大部分研究认为衡量企业的成长选取这两个指标中的任何一个对结果的影响并不会很大[99]。但从另一个角度来讲，企业成长是选用绝对增长还是相对增长则对企业成长的衡量结果具有重要的影响作用。Almus 以及 Daunfeldt 等人的研究均表明，所筛选出来的高成长性企业主要取决于所用衡量企业成长的指标是绝对增量还是相对增量。如果选用绝对（相对）增量衡量企业成长，则筛选出的高成长性企业会倾向于那些初始规模较大（较小）的企业。在测度企业成长的过程中选择绝对增长还是相对增长这个问题比较难以解决，而且也取决于所要研究和处理的具体问题[101]。相对增长的计算方式有多种，包括百分比变化率，取对数差法，按初始大小缩小，或按平均大小缩小等方式。绝对增长量是指一定时间内两者之间的原始数据大小变化量，有时在文献中使用。但是在文献中，使用比较多的还有一种方式是相对增长和绝对增长相结合，最常用的就是 Brich 指数。Brich 指数最初是将绝对指标和相对指标进行结合的方式来计算员工数量的增长情况，Brich 指数降低了单纯使用绝对增长和相对增长带来的弊端，其形式如下：

$$(E_t - E_{t-k}) \times (\frac{E_t}{E_{t-k}}) \tag{2-1}$$

式中：E_{t-k} 为 $t-k$ 年的员工数量，其中 k 为 1，2，3…，E_t 为企业在第 t 年的员工数量。

通过对绝对增长和相对增长进行加权的方式得到的该指数能够对仅用一种测度方式所带来的大企业和小企业间的偏差起到一定的缓冲作用。不过，Hölzl 在其研究中提到，对于较大的企业来说，Brich 指数仍然是主要由绝对增量来决定，因此他认为该指数也并没有完全解决在衡量企业成长时到底应该选择绝对增长还是相对增长这一问题[102]。

为了避免企业偶然性的扩张或者减少统计数据误差带来的判断失误，大部分研究选择计算企业几年的增长率，在以往关于高成长性企业的研究中，尽管不同研究选用的时间跨度不尽相同，但用得最多的就是计算 3~4 年的增长率[85]。但是 Hölzl[102] 以及 Daunfeldt 和 Halvarsson[103] 的研究中指出，这种处理方式实际上并没有消除某些企业在一年内发生高成长事件的问题（特别是当使用相对增长率时），这仍然是一个重要但尚未彻底解决的问题。

在高成长性企业的定义及界定方面，虽尚无统一量化标准，但大体来说，学者们一般将高成长性企业定义为在几年之内或者平均每年的成长速度比较快的企业[80]。具体界定方式通常有两种，第一种方式是将所观测的样本企业在一定时期内增长率排名在前列的定义为高成长性企业，例如，定义三年内增长率在所观测样本企业中占到前 1% 或者前 5% 的企业为高成长性企业，这种方法的一个缺点是，无法用其比较不同时间或不同国家的高成长性企业所占比例；第二种方式是将高成长性企业定义为以特定速度或者高于某特定速度增长的那些企业，速度通常用年初到年末的增长来衡量或者几年内平均增长率来衡量。例如，欧盟统计局以及 OECD（经济发展与合作组织）建议，高成长性企业应当定义为统计初期员工数量多于 10 人，且 3 年内员工数量的平均增长率超过 20% 的企业，Hölzl 就是用这种方法定义了高成长性企业[102]，而 Halabisky 等人在其研究中将高成长性企业定义为连续三个会计年度销售额至少增长 50% 以上的企业[84]。国外很多文献对于高成长性企业的定义和测度都会选择用企业销售额和销售利润的增长[104]，雇员数量的增加[30]，以及生产的增加来衡量[105]。最早的时候 Birch 于 1994 年提出将高成长性企业定义为销售额在一定期间内每年至少增长 20% 的企业[106]。Achtenhagen L. 等人通过对美国及欧洲顶尖创业期刊的研究发现，这些文献一般用销售额或营业额、就业指标、企业自身增长意愿等作为高成长性企业的增长测度指标，其中以销售额或营业额作为测度指标的占比最多[107]。Senderovitz M. 等人将 4 年内累计销售收入或总利润大于 0 的企业认定为高成长性企业[108]。Ahmad N. A. 等在其研究中将三年考察期内员工增长率超过 20% 的企业认定为高成长性企业[109]。国内学者田红云通过追溯调研高成长性企业的文献研究成果，归纳出符合高成长性企业本质特征的测度标准和方法，作者认为在测度与界定高成长性企业时应遵循以下几个原则。①观察期至少为 3 年；②考察初期雇员数目至少为 10 人，初期销售额最少为 100 000 美元（我国初期可设为最少 50 万元）；

③绝对测度法的增长率3年内至少保持年均增长20%，相对测度法时，可以选取样本中增长最快的1%~10%企业，但为了减少样本差异所带来的影响，高成长性企业必须3年内年均增长率≥20%[110]。表2-3对近年来比较典型的有关高成长性企业的研究文献做了相应总结 概述。

表2-3 近几年高成长性企业相关研究内容简介

作者	数据来源情况	高成长性企业定义	研究问题	研究结论
Nightingale 和 Coad	现有研究的内容回顾	多种方式定义	辨别在创业研究过程中存在的逻辑误差	中小企业对创造就业、提高创新以及经济增长的贡献作用常常被夸大
Bos 和 Stam	1997年—2008年间的43 040家荷兰瞪羚企业	企业已经成立5~10年的时间，所拥有的员工数量超过20人，即创造就业的数量超过20人	产业中的高成长性企业是否带动了产业的发展	瞪羚企业所占比例较高的产业拥有更高的发展潜力
Huber，Oberhofer，Pfaffermayr	1972年—2004年间所有的澳大利亚制造企业	OECD-欧洲统计局的定义标准以及修正的Brich指数	企业在经历了高速成长阶段以后是否仍然表现优于其他企业	高成长性企业在经历高成长阶段之后成长开始变缓慢，存活率仍然较高。高速成长的状态不具有持续性
Mohr，Garnsey，Theyel	1988年—2008年间英国剑桥的2974家科技型企业	OECD-欧洲统计局的定义标准	快速成长可能会使公司的资源过剩。联盟是否能够促进企业的快速成长	联盟和国际合作可以导致企业的快速成长
Colombelli，Krafft，Quatraro	拥有专利的335家欧洲企业	年均增长率至少为20%	瞪羚企业是否追求冒险策略	高成长性企业更注重于追求冒险策略
Coad，Daunfeldt，Johansson，Wennberg	1999年—2002年间的500 000家瑞典企业	员工数量增长率前1%的企业以及销售收入增长率前5%的企业	高成长性企业一般雇用怎样的员工	高成长性企业拥有较多的年轻、受教育程度低的工人，以及有工作经验且经历了较长时间失业的个人

注：OECD-欧洲统计局对高成长性企业的定义标准为企业员工数量多于10人，且三年内年均增长率超过20%的企业。成长指标选择员工数量或者企业销售收入。

2.4.2 高成长性企业的典型特征

尽管研究人员对于高成长性企业的概念及界定标准等尚未实现完善和统一，甚至存在一定的争议，导致高成长性企业的研究成果呈现丛林式或碎片式的现象，但是随着对高成长性企业的关注度越来越高，研究成果也逐渐能够呈现出一定的共性。总结以往关于高成长性企业的研究，可以发现高成长性企业具有以下几种典型的特征。

2.4.2.1 企业增长率呈现重尾分布的形式

不少研究表明，企业的增长率呈现出类似“拉普拉斯”分布的形式，大部分企业增长率都较低，只有极少数企业增长率非常高[111]。这表明，更有趣的企业增长现象出现在分布的尾部，研究人员应该重点关注这些极端的增长事件以及企业的动态增长率，也正是由于这个原因，研究人员开始广泛关注那些实现了较高增长率的企业，试图去发现他们的成长规律。

2.4.2.2 少量的高成长性企业创造了大量的就业机会

由企业的增长率分布大致呈现“拉普拉斯”式可知，理论上来讲，在某段时间内，少部分的高成长性企业能够创造大量的就业机会。这一观点也得到了不少实证研究的证明，早在 1994 年，Storey 就在其著作中表明，50% 的就业机会是由 4% 的企业创造出来的[112]。Daunfeldt 等人的研究表明，在 2005 年—2008 年间，瑞典 6% 的高速成长性企业贡献了 42% 的工作岗位。这些研究表明大量的工作岗位集中在少数企业中[113]。

2.4.2.3 高成长性企业往往比较年轻，但却不一定是小企业

许多研究对高成长性企业的特征进行了研究，结果显示，如果使用相

对增长的方式进行增长率的计算，高成长性企业中小企业所占比例往往过高，但是，当以绝对值衡量企业增长时，大公司则更有可能是高成长性企业[90]。大多数研究似乎得出这样的结论：大多数高成长性企业都很小，但同样也有不少大型企业具有较高成长性[94]。在众多研究中，“高成长性企业一般比较年轻”这一结论似乎更具有稳健性，并且不受计算方法是相对值还是绝对值的影响[114]。因此，高成长性企业往往比较年轻，但却不一定都是小企业。

2.4.2.4 高成长性企业并不都是高新技术企业

许多研究人员将高成长性与较高创新能力联系在一起，诚然，从企业家的角度来讲这是正确的，实践中不少高新技术企业确实呈现出较高的成长性，但是，高成长性企业并不意味着都是高新技术企业，毕竟成为一个高成长性企业首先是一个经济的现象，而不是严格意义上的技术现象[115]。很多国家，包括我国，促进企业高速成长的政策都是针对高新技术企业的。例如 Organization for Economic Co-operation and Development 的报告指出，在其所有成员国中，大多数政策举措的实际落实，都依赖于融资渠道的便利程度以及对企业研发和创新的支持。Mason 和 Brown 指出，“这表明大多数政策制定者将高技术企业视为具有较高成长潜力的企业”[116]，尽管 Henrekson 和 Johansson 曾在其文章中指出，并没有直接的理论依据可以证明高成长性企业在高新技术企业中所占比较高这一观点[85]，并且在实践中，与其他行业相比，服务行业中高成长性企业的比例也比较多。因此当前的研究尚不能断定高成长性企业在高新技术企业中所占的比例过高。

2.4.2.5 高成长性企业具有难以预测的特点

政策制定者呼吁出台支持高成长性企业的相关文件，例如欧盟在其战略规划中指出要将支持高成长性的中小企业作为政治目标，并且将所支持的高成长性企业的数量作为衡量战略进程的首要指标。然而从以往研究内容来看，预测企业的高成长性是一件非常困难的事情，这给政策的制定带来了一定的局限性[87]。此外，关于高成长性企业的决定因素我们更是知之甚少，一些类似企业规模、企业年龄、法律形式等因素经常被看作是影响企业成长率的重要因素，然而在估计模型中用来解释高成长事件的 *R*2 值却很小，通常仅能解释低于 10% 的变化[100]。Demir R. 等人通过对大量现有关于高成长性企业战略管理方面的研究成果进行调研总结，归纳出使企业具有高成长性的五个有关因素[117]，分别是人力资本因素[118]、人力资源管理因素[119]、战略管理因素[120]、创新能力因素[121]以及组织能力因素[122]，这五项因素单独或者以不同形式相互结合对企业的高成长性产生影响。Daunfeldt 等人的研究发现，不同行业领域，不同大小的企业中均存在高成长性的企业,但是中小型企业中具有高成长特性的比例更大一些[123]。近期，德勤通过汇总分析首席执行官问卷的反馈并配合实地访谈，得出了《2016 德勤深圳高科技高成长 20 强调查报告》[124]，并将入围企业的关键成功要素归结为以下几点：把握行业先机、战略高瞻远瞩、创新永不停步、完善数据分析以及合理借力资本。

2.4.2.6　选择不同的指标所得到的高成长性企业不同

企业成长衡量指标的选择影响着评价结果，Shepherd 和 Wiklund 发现员工人数的增长和销售收入之间仅有微弱的关联性[91]，Delmar 等人则认为员工人数的增长和销售收入的增加是两种不同形式的成长，员工数量的增长代表的是企业资源的增加，销售收入的增长则意味着企业的产品或者服务在市场中接受程度的增加[90]。Daunfeldt 等人在其研究中指出，以员工数量的增长和生产率的提高来衡量企业成长时存在一定的关联性，但以员工数量的增长和销售收入的增长来衡量企业成长时所得到的结果几乎不具有关联性[113]。

2.4.3 高成长性企业相关研究的局限性和争议性

随着研究人员对高成长性企业的关注度越来越高，高成长性企业的相关研究也逐渐增多，但由于企业成长的复杂性和企业本身的异质性等因素，目前关于高成长性企业的相关研究仍然存在一定的局限性和争议性，总结以往文献研究内容，其争议性和局限性主要在于以下几点。①高成长性企业的定义和测度标准尚不统一；②高成长性企业研究中数据的获取存在一定的难度，数据集质量不高；③企业的高成长性与企业规模之间的关系尚未得到一致结论；④企业的创新能力与企业高成长性之间的关系尚存在争议。

2.4.3.1 高成长性企业的定义和测度

此前关于高成长性企业的研究中，一个普遍存在也比较具有争议性的问题是关于高成长性企业的定义和测度标准尚不统一。Delmar 和 Davidsson 等人的研究指出研究高成长性企业需要考虑四个方面：企业成长的指标选择、企业成长的测度方法、企业成长的时间跨度以及企业成长的不同模式。这四个方面的因素在不同程度上影响着高成长性企业的定义。

（1）企业成长指标的选择问题。企业的成长可以用多个指标来衡量，包括销售收入的增长、员工数量的增加、劳动生产率的提升、市场份额的扩大、营业利润的提高等等[30, 125, 126]，以往文献中用于衡量企业成长的指标最常用的就是企业员工数量或营业收入，因为它们相比于其他指标争议性更小一些，并且更容易获得，此外这两种指标具有一定的关联性，选用任何一个对最终的结果影响不会太大[127]，但其他各指标之间的关联性则比较差，例如有文献研究指出，劳动生产率和企业员工数量并不存在明显的相关性[128]。员工数量增长比较快的企业劳动生产率可能会相对较低，这就意味着用劳动生产率和员工数量作为指标的时候，最终得到的高成长性企业可能是不一致的，Daunfeldt 等人的研究也证实了这一点[114]，企业成长指标的选择应当根据当下政策指定的需要来决定，并且研究人员应当了解使用每个指标时的具体含义。需要指出的是，每种指标都有其局限性，例如，销售收入容易受到通货膨胀率的影响，创新型的企业可能会因为引入新技术而减少对劳动力的使用，因此员工数量便不会有太大增长。

（2）企业成长的测度方法问题。企业成长的测度方法可以选择使用绝对值或者相对值来衡量，然而这两种不同的测度方式所得到的结果差异非常大，因此这也是造成高成长性企业判断过程中产生争议的重要原因之一，这个问题尚未得到很好的解决。Hölzl 等人在其最近的一项研究中，试图通过结合绝对增长率和相对增长率的方式（也就是使用 Brich 指数）来减少这种影响，但是他们的研究表明，使用该指数仍然并不能完美地解决问题。

（3）高成长性企业研究的时间长短问题。高成长性企业的研究中，观测时间的选择可能会影响最终的结果，因为企业成长是一个不断变化的动态过程，不同时期的宏观环境变化对企业成长的影响作用也有很大的区别。在以往高成长性企业的研究中，关于时间长度的选择问题没有统一的标准，一般而言，大部分研究选择 3~5 年的时间长度，但是研究人员往往不能对选择的时间长短做出合理的解释。由于不同研究人员选择的时间不同，这给对不同的研究进行比较带来了一定的困难。

（4）企业成长的不同模式问题。在高成长性企业的评价中对研究人员来说另一个比较重要的问题是区分内生性成长和外生性成长。其中内生性成长是指类似企业员工数量的增长这种来自企业内部的成长，而外生性成长则是指类似于并购重组这样的来自外部的企业成长。McKelvie 和 Wiklund等人认为对企业成长的研究应该注重不同成长模式之间的差异性，即应当将重心从“成长了多少”转移到“公司如何成长”上来[129]，然而 Spearot 却不这么认为，原因是不管企业内生性成长还是外生性成长，都是由企业内部类似的决策所引导的[130]。内生性成长可能会对企业员工数量的增加产生更大的影响。如果员工数量的增长或者营业收入的增加是由于合并或者收购而导致的，欧盟统计局认为这不能认定为高成长性企业，原因在于并购导致的员工数量增加并不会创造额外的新就业岗位。现实中由于数据获取的难度，无法将并购导致的企业成长区分开来，因此大部分研究目前都是使用总增长量来衡量企业的成长，这将会导致实证结果存在一定程度上的偏差。

（5）高成长性企业的定义问题。正如前文所述，高成长性企业的测度方法不尽相同，因此高成长性企业的定义也存在着一定的区别，这一问题在前文已经有所阐述，此处不再进行赘述。

如前所述，高成长性企业如何定义在学术界仍然没有统一的标准，造成这一现象的原因是高成长性企业测度中方法不同会导致结果不同，而高成长性企业评价结果的不同会导致政策导向性的不同。然而传统的经济学及管理学理论也尚不能解决这个问题，因此关于高成长性企业的定义及界定标准仍然是一个开放式的命题。在以往的文献中，较多研究人员选用 OECD 关于高成长性企业的定义标准[102]，该方法的优势在于可以对不同国家以及不同地区的企业进行比较，并且与时间无关。然而，Daunfeldt 等人的研究表明，OECD 的定义将很多公司排除在外，因为它只关注那些至少拥有 10 名员工的公司[113]；另一方面，使用相对增长还是绝对增长来衡量企业成长仍然是一个尚未彻底解决的问题。

另一个重要的问题是，此前很多研究均用企业员工数量的增长或者销售收入的增加来衡量企业的成长问题，但是只用这两类指标来判断企业的成长是否合理？随着企业成长理论的不断演化和发展，仅从员工数量以及销售收入的角度来衡量企业的成长状况显然已经不能全面地反映出企业的成长状态，因此在评判指标的选择方面需要进一步完善。

2.4.3.2 数据获取存在一定的难度，数据质量不高，可能导致研究结果存在一定的局限性

高成长性企业研究这一领域需要大量的微观数据，但遗憾的是，很多国家没有关于新创企业或者小企业的高质量数据库，这就导致研究结论的准确度不够，并且不同国家之间的数据也无法进行比较。如果国家开放更为全面的关于企业的高质量数据，将会有利于高成长性企业这一研究领域的进一步突破。

2.4.3.3 企业规模大小与企业高成长性关系

以往有不少文献对企业的高成长性的获得是否取决于企业的规模大小做过探讨，但尚未得出明确的结论，最近的一些研究结果也并不统一。David Birch 早在 1979 年就提出，在美国，小企业是创造就业机会的主要来源[82]。公司的规模跟企业所要经历的成长模式有一定的关联性，较小的企业更大概率会经历内生性增长，而较大的企业更大概率会经历外生性成长，从这一点来考虑，较小的企业发生高成长现象的可能性更大[129]。Coad 等人对法国制造企业进行了研究，结果表明，在小型企业中，年均

增长率和企业规模呈现负相关性；在大型企业中，年均增长率和企业规模呈现正相关性。调研关于企业规模和高成长性之间相关性的文献时发现，不同国家、不同地区以及不同时期的研究所得到的结论也不一致[131]。Santarelli 和 Vivarelli 的研究发现，较小的企业会面临较高的风险性，但是同时也会更容易获得高成长性[132]。Haltiwanger 等人的研究表明，小企业是就业机会的主要创造者，但是，当控制了企业年龄这一变量之后，企业净增长率与企业规模之间的反比关系消失了[133]。因此企业高成长性与企业规模之间的关系仍然是一个存在争议的问题。

2.4.3.4 企业创新能力与企业高成长性的关系

此前众多研究者对企业创新能力与企业高成长性之间的关系展开了研究。企业的创新行为对企业的影响不仅在高成长性企业和非高成长性企业之间有所不同，对不同国家的高成长性企业影响也有所不同，高成长性企业在研发上的投入金额受到一个国家技术相对位置的影响，技术比较领先的国家企业对研发的投入力度一般会比较大，技术追赶国的企业在研发方面的投入则相对较少一些[87]。研究人员对创新行为与就业率的增长之间的关系进行了一系列研究，Coad 等人的研究发现，企业的产品创新和流程创新对就业率有着不同的影响[134]。Hölzl 和 Friesenbichler 的研究表明，产品创新对就业率的增长有着积极的促进作用[87]。Niefert 等人的研究表明，当用专利情况来衡量企业的创新能力时，企业的创新行为对就业率的增长具有积极的促进作用[135]。Stam 和 Wennberg 的研究表明，尤其在企业成立的初期，企业的创新行为对企业的成长起着非常重要的作用[136]。Coad 和 Rao 也在其研究中探讨了创新行为和员工数量增长之间的关系，结果表明，企业的专利活动和研发活动对高成长性企业具有积极的促进作用[137]。

不过 Hall 等人的研究发现，对于意大利的制造企业来说，流程创新似乎对企业员工数量的增长具有一定的负面效应[138]。因此当讨论企业创新和企业高成长性之间的关系时，大部分研究是认可企业创新对企业成长具有积极促进作用的，但是研究中仍然存在一定的争议。这些问题需要进一步探索，例如创新对企业高成长性的影响是否根据行业的不同有所差异？以及研究创新与企业高成长性的关系时，选用更长的研究时间是否会获得更为稳健的结果？此外创新确实带有一定的风险性，如果创新不能成功，则会对企业的成长产生非常不利的影响，这也是导致研究结果发生争议性的重要原因之一。

从此前关于高成长性企业的研究中，可以发现无论国内和国外，基本都是以营业额、销售额或者员工数量等指标来测度企业的高成长性，以及对高成长性企业进行定义。但是这些测度指标较为单一，尚不完善，界定标准也纷繁复杂，并不统一，并且随着信息时代和经济时代的快速发展，仅从规模的角度出发已经不能完整地反映出企业的成长状况。这提示本书在加速成长企业的界定标准方面需综合考量多种测度指标，以使指标体系更加完善，并要对加速成长型企业的界定标准进行深入探索，以建立一套清晰完整的加速成长型企业界定标准。

2.5 促进企业成长的工具：企业孵化器及加速器研究

我国第一批致力于提高创业成功率，降低创业者的创业风险和创业成本，促进科技成果转化，培养成功企业和企业家的孵化器于 20 世纪 80 年代开始起步，经历了近 30 年的发展，已经进入稳定发展期，且每年都有新增企业孵化器出现。截至 2017 年底，中国共有科技创业孵化器 4063 家

（纳入火炬计划统计），场地面积1.19亿平方米，在孵科技型中小企业共计17.5万家，累计毕业企业11.1万家，真正成为孵化器大国①。中国的科技企业孵化器正朝着形式多样化、功能专业化、投资主体多元化和组织网络化方向发展。但同时，孵化器的发展也面临着一定的局限性，主要是因为孵化器的服务主要以初创期的企业为主，是一个使企业从无到有的过程，然而孵化完成之后的企业如何加速发展却是一个亟待解决的难题。为避免离开企业孵化器之后企业面临成长乏力、竞争力薄弱的问题，致力于为成长期的企业提供快速增长的空间和专业服务，提供资源整合、市场化机制、专业的知识和服务的“加速器”应运而生。自2000年上海建立我国第一个科技企业加速器开始，经历了几年探索期，2007年中关村科技园区永丰科技企业加速器被正式列入国家试点后，我国的企业加速器步入了快速发展的轨道。

企业加速器是企业发展的现实选择，也是孵化器发展的必然演化产物。基于现实需要，孵化器和加速器的理论研究引起了国内外学者的广泛关注，研究成果颇丰。Albort-Morant G. 和 Oghazi P. 通过对位于西班牙巴伦西亚市的54家企业孵化器进行定性比较研究，发现企业孵化器对那些高学历、有专业技能和家庭阅历的年轻企业家创业是最有帮助的。美国孵化器协会认为加速器只是孵化器的一种特殊形态[139]，国外也有很多美国学者认同此观点，例如以Hansen为代表的学者认为，企业加速器是企业孵化器的优化形式，是具有加速作用的孵化器[140]；近期Pauwels Charlotte Pauwels等人通过调查欧洲的13家企业加速器指出了加速器所需具备的五种关键要素并对不同类型的加速器进行了区分，他们也认为加速器是“新一代的孵化器”[141]。然而也有学者对加速器的概念持有不同的看法，以Price

① 数据来自2018年《中国火炬统计年鉴》。

为首的学者强调，加速器是一种新型的服务组织，不同于企业孵化器[142]。Malek 的研究利用基准分析的方法对六个清洁能源类企业加速器进行了类型学分析，分别从研发重点、技术支持、市场支持和网络支持四个方面对企业加速器进行了分类分析[143]，并将企业加速器与孵化器区分开来，认为企业加速器与孵化器的不同之处主要在于加速器的准入条件比孵化器更加严格，服务周期也较短，加速器比孵化器为初创企业提供的资源和支持更多，强度更大，目的不仅限于让初创企业得以存活，更是在于促进企业的成长，让企业快速地发展，另外加入加速器的企业之间一般会形成交互网络并相互扶持。

国内研究中，何科方和钟书华在企业孵化器与加速器研究方面颇有成效，他们通过对企业加速器进行广泛而深入的理论及实践研究，认为从孵化器到加速器不是简单的形式更替，而是质的飞跃，并深入分析了企业加速器的五个服务模式[144]。此外他们认为，企业加速器的兴建与运营使科技园区服务链更加完整，形成了“研发 + 孵化 + 加速 + 产业化”一体化的新格局[145]。2014 年他们又从企业孵化器、加速器起源和演化的角度深入分析了二者的不同之处，进一步阐述了“孵化—加速” 耦合对接，构建一条完整创新服务供应链的理论价值和实践意义[146]。王胜光和程郁认为“加速器”是一种独立于孵化器的新型创新服务体系，并认为加速器成功运作的首要条件是有效吸引和选择高成长性企业[147]。胡海青和李浩认为，加强瞪羚企业的突破式创新能力是维持其在激烈的竞争环境下保持高增长的重要条件，这为加速器发挥加速作用机制，帮助瞪羚企业创新和发展提供了契机，作者通过对 287 家企业进行实证调查研究，结果显示，两类加速器支持（技术支持和商业运营支持）均能促进瞪羚企业突破式创新[148]。

虽然关于企业孵化器及加速器的研究众多，但是从文献调研结果来看，关于这两者的运作机制并没有相关研究进行深入的剖析，关于其运作效果的衡量标准目前也并没有统一的界定，尤其对于我国的加速器而言，相比实践，理论研究更显不足。因此企业加速成长的驱动因素和机制机理是一个值得深入挖掘的理论方向，构建测度企业加速成长的标准是不可忽视的研究内容，具有重要的理论和实践意义。

2.6 对现有研究的述评及与本书的比较

上述文献研究成果从不同的角度探讨了企业成长相关问题，这些理论成果对本书深入研究企业加速成长理论具有非常重要的参考价值，但这些文献研究内容尚存在一些局限性，主要可以总结概括为以下几点。

（1）此前文献研究内容关于企业成长理论的研究主要集中在企业成长的内外部相关影响因素以及企业不同成长阶段的分析等，但没有区分不同企业成长速度上的差异性以及导致差异性的原因，缺乏对企业加速成长性的相关研究。

（2）随着对企业成长理论的深入理解，企业成长性评价问题逐渐引起研究人员的注意，众多学者对企业成长性的测度评价以及影响企业成长性的原因展开了研究，但现有研究的局限性在于，大多研究只从企业规模这一单一视角去探讨企业的成长性，评价指标也较为单一，而成长不同于增长，是一个广义的概念，成长不仅包含量的扩张，也应包含质的飞跃以及企业自身成长潜力的提升。尤其在信息技术和科技革命发展迅猛、竞争日趋激烈的今天，规模扩张这一单一维度显然已不能完整地反映出企业真实的成长状态。

（3）尽管对企业加速成长性的研究较为缺乏，但企业成长研究领域已经开始广泛关注到那些成长性比较好的企业，研究人员称之为“高成长性企业”，并针对这类企业展开了一系列研究。但是对于企业的成长速度仍然没有一套合理的度量标准，对高成长性企业的评价指标也不统一，且不完善，这导致高成长性企业的定义和测度标准尚处于模糊阶段。

总而言之，这些研究文献的视角大多是对企业一般成长性的研究，本书将要开展的研究与这些内容在研究视角上有着根本性区别。

在现有企业成长相关研究的基础之上，本书着眼于企业的“加速”成长这一独特视角，并且本书所提“成长”是广义的概念，不同于“增长”，本书所提“加速成长”不仅包含量的积累，也包含质的飞跃以及能力的提升。本书首先对企业“加速”成长的理论与内涵、特征以及企业加速成长的不同模式开展辨析，引入企业成长“加速度”来对企业加速成长性进行度量，目的是为企业加速成长性的定义及测度评价提供清晰明了的界定标准以及深入挖掘具有较高成长潜力的企业；其次，在企业加速成长性的测度指标体系方面，在现有文献关于企业成长性评价的测度指标基础之上，本书提出衡量企业的加速成长状态应当从三个维度展开，即企业规模维度、企业质量维度以及企业创新能力维度，本书提出企业的创新能力对企业加速成长具有重要影响作用，创新能力可以作为衡量企业未来发展潜力的重要指标，因此提出建立包含创新能力维度的企业加速成长三维SQI模型（规模—质量—创新）测度指标体系；第三，在引入“企业成长加速度”这一概念的基础上，运用三维测度模型体系，通过实证分析的方式对企业加速成长性展开一系列测度研究，以验证本书所提测度方法的合理性。

第二篇
企业加速成长的理论体系构建

3　企业加速成长理论基础研究

3　企业加速成长理论基础研究

企业自成立之日起就有生存和成长的需要，并且不仅要成长，最好是能够实现超常规、跨越式的成长。自彭罗斯的“企业成长理论”提出以来，企业成长的内因驱动观点越来越被大家所接受，企业成长的资源基础观、核心能力观也逐渐发展起来。20 世纪 60 年代，在《财富》杂志世界排行榜前 500 强的企业，堪称全球竞争力最强的企业，然而发展到 20 世纪 80 年代，原有的 500 强企业已有三分之一消失匿迹，到 21 世纪初更是所剩不多。这反映出在知识经济和信息时代，科技革命迅速发展，一些传统产业会受到新生力量强有力的冲击，也反映出一些大企业由于跟不上新经济时代发展的快节奏而被时代抛弃的必然现象[3]。当今世界是知识经济和信息革命的时代，科技和信息都在以前所未有的速度进行更新迭代，企业在这样的时代背景下要想更好地维持生存以及快速地成长，必须不断发现新机会、适应新趋势，解决新问题，这就需要企业不断地进行学习、创新和变革以适应新的竞争环境的发展。中国目前正处在经济发展由要素驱动、投资驱动向创新驱动转变的发展阶段，对于中国的制造企业来讲，以往所具有的人口红利优势已经逐渐减少甚至趋于消失，在新的竞争格局下，不断提升创新能力成为制造企业获取竞争优势，进而得以生存和快速发展的必然选择。在当今激烈的市场竞争格局下，企业之间的竞争已经逐渐呈现从规模的竞争转向内在质量以及创新能力的竞争。另外，成长一词的内涵不同于“增长”，是一个广义的概念，本书认为企业的“成长”不仅包含量的积累，也应当包括质的飞跃，以及成长能力和成长潜力的提升。传统地从企业规模的单一角度来对企业成长进行分析的模式已经无法全面反映出企业真实的成长态势，迫切地需要构建更全面的理论分析框架以更好地反映企业的成长状况。

近年来，创新与企业成长关系的相关研究逐渐引起研究人员的关注[149-154]，大部分研究结论比较一致，认为企业技术创新是制造企业保持竞争优势的主要来源，对企业成长有积极的正向作用，但我们注意到仍有少部分研究人员的实证研究结果显示并未发现技术创新与企业成长之间强有力的关系[155, 156]。企业的成长从来都是一个复杂的活动，造成上述不一致结论的可能原因有以下几点。①不同行业领域创新机制大有不同，如果实证研究没有区分行业领域的差别，则可能造成研究结果各异；②国际上不同国家所处的发展阶段不同，导致技术创新对企业成长的影响作用产生不一致的结论；③不同企业间显著的异质性可能造成在回归时效果的不同。Coad 在其研究中指出，技术创新的影响作用在不同类别企业间存在差别，企业技术创新对那些成长率较高的企业影响作用更明显[35]，受其启发，本书认为企业的技术创新能力在企业成长中扮演着非常重要的角色，是企业尤其是制造企业产生竞争优势，超越竞争对手的主要力量来源，甚至是导致企业成长速度产生差异性的重要潜在力量。本章节从企业竞争优势获取的角度出发，在企业成长理论、企业生命周期理论以及前述高成长性企业的研究成果基础上，提出了企业加速成长的概念，并对企业加速成长的定义、界定标准、内涵、特征以及基于不同驱动因素所形成的企业加速成长的多元模式等进行了深入分析和讨论。

3.1 企业加速成长性概念及特征

3.1.1 企业加速成长问题的提出

在企业成长的现实过程中，人们逐渐注意到，企业成长的速度大小不尽相同，特别是有些企业成长速度非常快，成长潜力非常巨大，这些企业对国民经济的发展和就业率的提升以及经济结构的转型具有重要意义，具体体现在以下几个方面。①加速成长型企业可以为经济增长注入新鲜的活力，并且能够带动其他企业的快速成长，以此不断推动经济的加速发展；②加速成长型企业作为成功案例可以为其他企业家树立榜样，为其他企业家经营好企业提供可借鉴的思路，减少创业失败率；③加速成长型企业能够极大地促进就业；④加速成长型企业往往能够加速新产品和新技术的开发，进而推动创新的发展和劳动生产率的提高。

这类在经济发展中扮演着重要角色的加速成长型企业应当引起格外关注，但是目前传统的企业成长问题相关理论尚不能对其进行诠释。尽管有关企业加速成长的研究比较少见，但随着企业成长问题研究的不断深入，国内外研究人员已经开始关注那些成长性比较好的企业，研究人员称之为“高成长性企业”，并且取得了一些研究成果，但是关于高成长性企业的研究仍然存在以下几点争议和局限性。①关于高成长性企业的定义和测度标准目前尚未形成统一的观点；②在企业成长性指标的选择方面仍侧重于单一指标或者规模的发展状况，并不能全面反映出企业成长的态势；③对于企业的成长速度，当前尚未形成完善合适的度量方法和标准。

鉴于前述关于高成长性企业研究中存在的一些局限性和争议性，基于企业成长理论，企业生命周期理论、企业竞争优势理论以及前述高成长性企业研究内容的基础，本书提出“企业加速成长性”这一概念，侧重于研究企业加速成长性的定义、界定方法、特征以及基于不同驱动因素形成的多元化企业加速成长模式，探索能够衡量企业成长速度的合适度量方法，以及能够全面反映企业加速成长态势的多维模型体系。

3.1.2 企业加速成长性的概念与界定

3.1.2.1 企业加速成长性的概念辨析

企业的成长是一个由量变到质变的过程，包含了量变的积累（例如规模的粗放式扩张）以及发展到一定程度质变的发生（企业内涵式成长），是一个复杂的、有机的动态过程，不仅仅是简单的企业规模扩张，还体现在企业内部机制的不断完善、企业功能的不断优化、企业市场竞争力的不断增强以及企业的环境适应能力逐渐增强等多方面。此前关于企业成长性的研究大多关注企业规模的扩张，比如企业员工数量的增加，以及企业营业收入的增长等[157-160]，并且测度方法仅能静态地反映出企业当前的成长现状，并不能揭示企业成长速度随时间的变化趋势、企业的成长轨迹以及企业的未来发展潜力。

关于企业的成长，Delmar 和 Davidsson 曾在其研究中强调，当衡量企业成长状况的时候，至少有四个方面的问题需要考虑。①企业成长的测度指标；②企业成长的测度方法（相对增长还是绝对增长）；③观测的时间长短；④成长的过程。这四个问题对企业成长的研究具有重要意义，在讨论企业成长状况的时候应该将这四个方面的问题考虑在内[161]。受其启发，为了对企业成长的速度变化趋势进行监测分析，并对企业未来发展潜力进行评估，本书提出“企业成长加速度”的概念，用加速度的大小来衡量企业成长的速度变化情况。企业成长加速度的定义如下，企业成长加速度是企业成长速度变化量与企业发生这一变化所用时间的比值，是企业成长速度变化趋势及企业发展潜力的量化结果。用公式表示如下：

$$A=\frac{V_j-V_i}{t} \tag{3-1}$$

式中：V_j 和 V_i 分别表示第 j 年和第 i 年的企业成长速度；t 表示时间，为 j 年和 i 年时间之差。

企业成长加速度是描述在一定时间内企业成长速度变化的度量标准，可以反映出一段时间内企业成长速度的变化趋势，是企业成长状态的动态反映。

3.1.2.2 企业加速成长性的界定

企业加速成长性用企业成长加速度（A）来测度，一般认为成长加速度大于零的企业具有“加速成长性”，加速度值越大表明企业在这段时间的成长速度越快，加速度为负值，则表明企业这段时间成长速度有所变缓。企业的“加速成长性”相较于企业的成长性，可以更深层次地并且更直观地反映出企业成长速度的动态变化趋势，揭示企业成长的轨迹，反映企业成长质量的优劣以及企业成长的潜在力量。

在计算企业成长的加速度之前，首先要计算企业的成长速度。在计算企业的成长速度方面，此前不少研究表明，企业成长的量化用绝对增长还是相对增长将会对测度结果形成很大影响[161]。Almus[162]和 Daunfeldt[163]对高成长性企业进行研究，结果表明，高成长性企业的定义和评价结果主要取决于高增长是用绝对增长还是相对增长来衡量，用相对增长量作为衡量标准得到的高成长性企业往往比用绝对增长作为衡量标准得到的企业要小一些，这说明用相对（绝对）增长量作为衡量标准所得到的高成长性企业会偏向于较小（较大的公司），可见企业成长速度的测度是选择相对增长还是绝对增长是一个比较难处理的问题。

值得注意的是，相对增长可以用许多不同的方法来衡量，例如百分比变化、取对数差、按初始大小缩小，或者按平均大小缩小等，Tornqvist 等人的研究对衡量相对增长的不同方法进行了比较分析。在衡量企业成长时，重要的是，要保证所有衡量相对增长的指标是单调变化的，不会影响企业的排名情况。Tornqvist 等人的研究更喜欢用对数的百分比变化作为相对的度量，因为它是对称的[164]。

绝对增长是衡量两个时间点间原始变化的量，在文献中有时也会用到。但在衡量高成长性企业时文献中更常用的是将绝对变化和相对变化都考虑在内，合成一个指数的方法。其中最广泛使用的方法是“Brich 指数”，这是一种同时考虑相对增长和绝对增长的综合指数测度方法，最早是用在衡量企业员工数量的增长方面[165]。该指数在一定程度上削弱了企业初始规模大小对企业成长性评价结果造成的影响偏差。Brich 指数最初定义如下：

$$(E_t-E_{t-k}) \times (\frac{E_t}{E_{t-k}}) \tag{3-2}$$

式中：E_{t-k} 为 $t-k$ 年的员工数量，其中 k 为 1，2，3…，E_t 为企业在第 t 年的员工数量。

该指数通过对绝对增长和相对增长进行加权而得来，旨在缓冲由于观测期内企业基期员工数量上的巨大差距带来的评判偏倚。

为了减少统计误差，大多数研究在测度企业成长的时候选择的是计算几年内的增长率。尽管在对高成长性企业的研究中，有些研究使用的周期较短，有些研究使用的周期较长，但大多研究都选择使用3~4年的周期[166]。然而，Hölzl[115]、Daunfeldt和Halvarsson[167]等人认为，这种处理方式仍然不能解释很多企业在仅仅一年时间里取得较高成长性的现象（尤其是当用相对增长率来计算企业成长速度的时候），这个问题目前研究文献仍然不能给出合理完善的解决方法。而本书所提出的企业成长"加速度"则可以对从基期年到观测年的加速度大小来评判企业的速度情况，在一定程度上能够对上述问题进行进一步改善。

鉴于以上关于企业成长及高成长性企业的研究背景，本书认为在测度企业成长速度的方法上，"Brich指数"具有一定的合理性和借鉴意义，因此本书在计算企业成长速度的时候选择借鉴和使用"Brich指数"的方式。但是由于本书接下来要计算的是某段时间内相对于基期年的企业成长加速度，用以衡量某年的企业加速成长性，因此在计算某年相对基期年的成长速度的时候，应当采取平均速度，因此本书所用到的企业成长速度计算方式是改进后的"Brich"指数，具体计算公式如下：

$$V_{it}=(Z_{it}-Z_{i1})\left(\frac{Z_{it}}{Z_{i1}}\right)/(t-1) \tag{3-3}$$

式中：Z_{it}代表观测期内第t个企业第t年的评价指数（可以是多个指标的综合评价结果，也可以是某个指标在第t年的取值）；Z_{i1}代表第t个企业观测期内基期的评价指数（一般是第1年）。

因此本书企业成长加速度计算公式为

$$A_{it}=\frac{V_{it}-V_i(t-n)}{n},\ n=1,\ 2,\ 3,\ \cdots,\ t-1 \tag{3-4}$$

由以上公式计算出的A_{it}，本书称之为第i个企业在第t年的成长加速度，V_i代表第i个企业的企业成长速度。若$A_{it}>0$，则认为第i个企业在第t年具备加速成长性，A_{it}的值即加速成长指数，越大则证明该企业的成长潜力越大；若 $A_{it} < 0$，则认为第 i 个企业第 t 年不具备加速成长性。

为保证不同企业的可比性，将计算得出的企业成长加速度为最大值的企业加速指数定为 Q_1=100，按标准化比率（100/A_1）乘以其他企业的加速度值便可得到其余企业的企业加速成长指数。

从企业生命周期理论的角度来看，在企业的成长阶段一般企业会呈加速成长趋势，加速度大于零，在成长阶段的不同时期，加速度的大小不尽相同，这一点通过观察企业生命周期曲线的斜率也可以反映出来。当企业成长达到稳定期时，企业成长的加速度会逐渐趋近于零，理论上会维持一段时间的匀速成长状态，等到老化阶段之后，企业成长的速度逐渐放缓，于是成长加速度开始呈现负值，加速度大小在老化阶段的不同时期也不尽相同。每个时期加速度的值在企业生命周期曲线的斜率上都可以得到体现，由此可见本书所提出的用企业成长加速度来测度企业成长速度的变化趋势和成长潜力具有一定的合理性。企业生命周期曲线如图 3-1 所示。

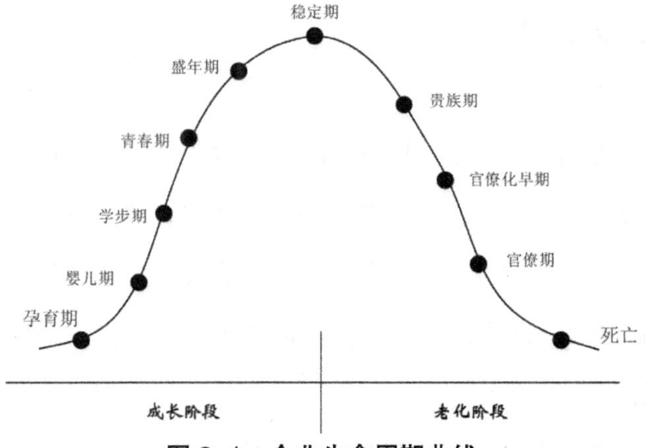

图 3-1　企业生命周期曲线

3.1.3　企业加速成长的特征

企业加速成长性是企业在一定时期内超越竞争对手成长速度的现象，

结合加速度的概念和定义，总结企业加速成长的基本特征应当包含以下四个方面。

（1）相对性

企业加速成长的相对性包含两个方面，一是企业加速成长与时间的相对性。本书所谓“加速”，是指企业在一定时期内速度的增加量，这一概念必须和时间有关，达到同样成长速度的企业相比之下，一定是用时越短的企业加速成长性更强；二是企业加速成长与竞争对手企业的“相对性”。企业的“加速性”只有与竞争对手相比具有领先性才具有意义，因此企业的加速成长包含其与时间的相对性和与其他竞争对手的相对性两个方面，是一个相对性的概念。

（2）动态性

由于企业的加速成长性引入时间这一维度，企业的成长加速度是描述企业成长速度随时间变化情况的量化指标，因此企业的加速成长性具有随时间不断动态变化的特征。

（3）持续性

企业成长的“加速度”是运用一定时期内的平均加速度进行测度得出的，对企业未来成长速度的发展趋势具有一定的预测作用，在一定时间内具有一定的延续性。企业成长加速度越大意味着企业接下来一段时间内仍然有可能保持较高的成长速度，因此企业的加速成长具有一定的持续性特征。

（4）风险性

通常高速度意味着“高风险”，企业的加速成长同样如此，尤其如果企业盲目追求规模的加速扩张，则有可能产生“扩张性危机”，陷入“扩张陷阱”，进而导致企业成长的风险性增加，因此企业加速成长性具有一定的“风险性”。

3.2 企业加速成长的内涵：四维空间模型的构建及解析

当前市场环境下，企业的竞争已经逐渐由企业规模的竞争转向企业内在质量和能力的竞争，因此传统地从企业规模维度分析企业成长的问题已经不能完整地反映出企业真实的成长态势。本书从企业加速成长的构成要素及企业竞争优势获取的角度出发，探索性地提出了企业加速成长的四维空间概念模型，本小节内容对企业加速成长的四维空间模型进行了概括和分析。

3.2.1 企业加速成长的四维空间模型构建

此前不论关于企业成长性的研究还是高成长性企业的相关研究，研究人员都将企业的成长等同于企业的增长，即将企业的成长视为企业的规模随着时间而持续扩张的过程[168]，最常见的关于企业成长性的分析是仅仅从规模这一单一的维度来刻画企业的成长过程。但是随着研究的逐渐深入，越来越多的学者开始意识到企业的成长概念只考虑规模这一单一维度的不足，国内学者刘斌和葛兆强认为，在大多数文献里，企业成长是指诸如销售收入、资产总额、员工数量等指标的增长或提高，以这种“量变”所描绘的企业成长其实是狭义的企业成长，但遗憾的是他们并没有给出企业成长的多维概念框架[169]。郭韬等人提出企业成长除应考虑企业规模维度之外，还应考虑企业素质的提升，并将时间这一维度考虑在内提出了企业成长的三维模型，但遗憾的是，该研究并没有过多地考虑企业竞争能力的提升这一维度，并且只是给出了概念框架，在企业成长的测度分析方面并没有给出合理可行的方法[170]。

本书认为企业的“成长”并不等同于企业的“增长”，“成长”一词包含更深广的内涵。一般而言，“成长”是具有生命主体的性质和特征，成长的过程不仅伴随着数量上显而易见的扩大，还包含个体内在性质演化方面的内涵，犹如人的成长一样，不仅包括年龄、身高等随着时间的增长，还包含着心智、能力等多方面素质随着时间的提升。在马歇尔、高哈特、爱迪思（Marshal、Gouillart、Adizes）等著名经济学家和管理学家看来，企业也是一个有生命的个体，需要经由孕育而诞生，也会经历成长、生病、痊愈、成熟，然后衰老甚至消亡[169]。因此企业的成长是量变与质变共同有机演进的过程，是建立在量的增长前提下内在质量和能力的提升过程，规模的扩张可以是反映出企业在某一方面的成长，但企业成长并不仅仅以规模扩张为唯一目的和结果。在讨论企业的成长时，除了应考虑规模上量的扩张之外，还应考虑企业质量的提升。除了这些显在的指标之外，本书认为企业未来的成长潜力应当作为评判企业成长的重要标准，尤其对于本书所提企业加速成长的概念来说，企业的成长潜力是企业得以加速成长的强大动力，只有一个企业具有一定程度的成长潜力才能认为其具有加速成长性。

本书所提出的企业加速成长问题本质上可以理解为企业在面临深刻而复杂多变的社会变革以及企业竞争时，企业能够依靠自身的成长优势在同行业同领域得以超越竞争对手而生存并取得快速发展的过程。本书鉴于此前的研究分析，并且基于可测度可量化的视角，考虑企业成长问题的广义概念以及核心竞争优势获取的来源和途径，分析认为企业加速成长的理论内涵应当包括以下四个维度的内容。

（1）时间特征维度

从彭罗斯的“企业成长 = 时间 × 成长率”这一函数关系范式来看，

企业的成长本身就是一个具有时间维度概念的话题，用两个时间点间企业成长的变化来衡量一个企业的成长速度是一个比较重要的评价标准[171]。在此基础上本书提出了企业成长“加速度”的概念，加速度是衡量成长速度相对于时间的变化快慢的评价指标，毫无疑问更能体现出“时间维度”的内涵。

（2）企业规模维度

从规模经济理论的角度来讲，企业规模的扩大可以带来生产效率的提高、生产成本的降低以及企业内部分工更加合理化和专业化，从而提高利润。关于企业规模和企业成长的关系已经在大量的经济学和管理学文献中出现过，绝大多数文献都将企业规模视为企业成长的重要指标和关键维度。“世界五百强”“中国五百强”等企业的评定标准也都是按照企业“营业收入”这一能反映出企业规模大小的指标来进行评定。著名的“Gibrat 法则”也认为企业的规模与企业的成长密切相关，且企业的成长和规模是成一定比例的。此外一个企业的社会影响力、顾客认可度在很大程度上也都是以企业的规模为基础，客户似乎更倾向于信任那些规模较大的企业。更重要的是，如果竞争对手通过规模经济提升了市场占有率，成功挤占了自己的市场空间，那么提升规模便成为企业的必要选择。由此可见，企业规模的扩张在企业成长过程中扮演着举足轻重的角色，因此在企业加速成长的内涵中应予以重点考虑。

（3）企业质量维度

诚然，规模维度对企业加速成长的内涵来讲具有非常重要的意义，但是如果过分关注企业的规模成长，将规模的扩张问题等同于企业的成长问题，那么将会很容易在现实中误导企业进行非理性的扩张行为。企业的成长需要实现量变与质变的相适应，在企业规模扩张的同时，应该实现规模与内部各结构的相互配合和适应，注重企业营运能力、盈利能力、偿债能力等各方面的提高。因此，在本书所提到企业加速成长的内涵中，除企业规模这一维度外，还应考虑企业内在质量的提升这一重要维度。

（4）企业创新能力维度

由前述关于企业竞争优势理论的演化和制造企业核心竞争优势的获取可知，企业的知识积累及创新能力逐渐被认为是企业获取竞争优势的重要来源。尤其是在当今知识经济和信息时代的背景下，企业想要永葆基业长青，必须不断地进行持续创新，以适应外部环境的不断变化。因此本书认为企业的创新能力可以视为企业未来成长的潜力，是企业得以超越竞争对手而实现快速发展的重要力量，故在企业加速成长的内涵中，除规模、质量之外，企业创新能力这一维度应当予以重点考虑。

由上述分析可知，企业加速成长本质上可以用一个与时间有关的四维函数来表示，即

企业加速成长（A）=f（企业规模，企业质量，企业创新能力，t）（3–5）

为了更直观地表达企业加速成长的过程，先将时间这一维度剔除，则企业加速成长应当包括企业规模、企业质量以及企业创新能力这三个构成要素的协同发展，企业加速成长则是这三个维度构成要素相对于时间的变化趋势，其中企业创新能力是企业得以持续成长的重要力量，反映的是企业加速成长的潜在能力，用三维立体图表示如图 3–2 所示。

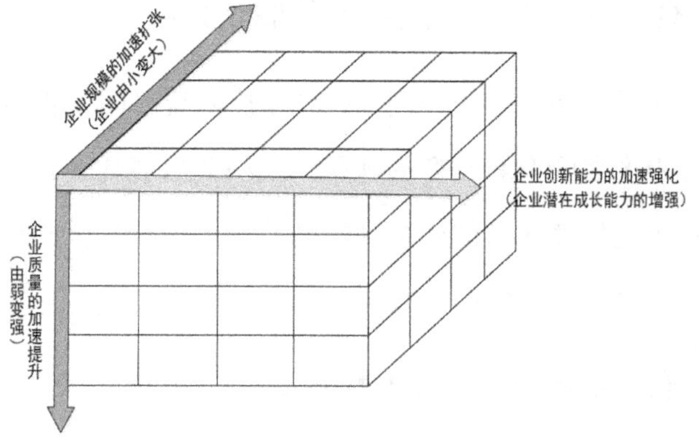

图 3–2　企业加速成长的三维构成要素示意图

在三维立体模型中加入时间维度的概念，则最终变成了本书想要表达的企业加速成长四维度概念模型体系，每一维度都随着时间的变化发生着不同程度的改变，如果三个维度能够实现高效协同发展，则企业便能超越竞争对手实现超常规的发展，企业加速成长的四维概念模型如图 3–3 所示。

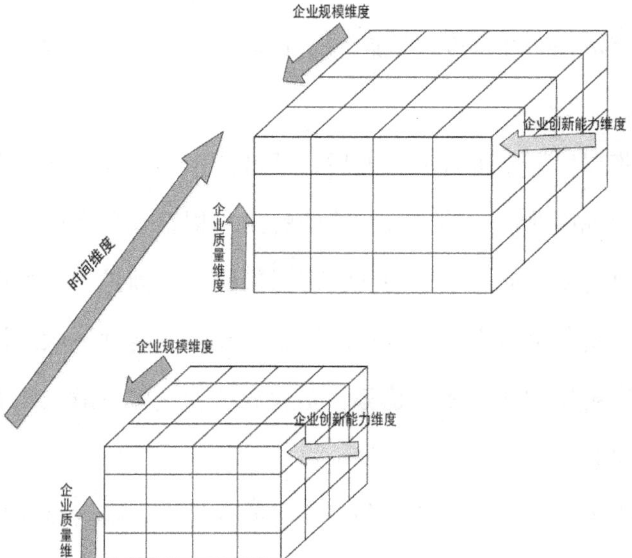

图 3–3　企业加速成长的四维概念模型示意图

3.2.2　企业加速成长的四维度关联性分析

企业加速成长的四维空间模型中，各维度随着时间发生着不同程度的改变，并且各维度之间有着密切的联系，本小节内容基于企业生命周期理论的内涵，对企业加速成长的四维度之间关联性进行分析描述，以期对企业加速成长的全过程进行解析。

3.2.2.1　企业规模维度与时间的关系

企业规模的成长是企业成长最为直观的反映，从企业生命周期角度来讲，如果简单将企业成长的阶段按照时间划分为生存期、发展期、稳定期及蜕变期。在最初求生存的阶段过程中，企业规模普遍较小，企业实力也很弱小，经营经验不足，在这个阶段消费者对企业的产品尚未接受，因此规模的增速较为缓慢，但为了能够在市场上生存并立足，企业规模的扩张又是必要的途径。因此在企业的生存阶段，企业规模的加速性表现并不优秀，企业规模扩张的加速度应该趋近于 0 或者为正值但非常小，甚至有可能为负值。

当企业跨越生存期进入成长期后，即进入企业成长的最快阶段，在这一阶段企业的规模效益开始出现，前期的技术积累逐渐形成产品并被消费者所接受，市场拓展能力迅速加强，市场份额也逐渐扩大。发展期是企业规模扩大的重要黄金时期，在这一阶段企业成长的速度一般逐渐加快，于是企业呈现出规模的加速成长趋势，企业成长加速度一般大于 0 并且比生存期的加速度值要大。

根据规模经济理论，在其他条件一定的前提下，随着企业生产规模的扩大，单位产品的平均生产成本逐渐降低，企业因此而获利越来越多。当平均成本达到最低时，此时再继续扩大规模，经济收益便不再增加，甚至有可能下降，此时规模达到最优状态，企业逐渐走向盛年期和成熟期，企业成长应当将重心转移到内在质量的逐步提升。在此阶段，企业规模的成长速度一般非常缓慢，因此企业规模维度的成长不再具有加速性，一般企业规模维度成长的加速度趋近于 0。

当企业度过成熟期之后，一般会面临两个方向的演化，即进入新一轮的上升通道或者跌入不可逆转的下降通道，即进入蜕变期。在这一时期，很多企业在经历过成熟期之后开始内部斗争激烈，忽视客户的满意度和客户需求，将更多的精力和时间用在玩政治手腕上，因此有的研究人员称之为“官僚期”，企业如不及时整改，便很容易走向衰退和死亡。此时企业营业收入降低，面临裁员等压力，因此企业规模也是呈现加速下降的趋势。但企业和活的生命体不同的地方在于，企业可以通过不断自我更新而突破成长极限，因此企业的衰退死亡期也不是所有企业的必经之路。如果企业能够在度过成熟期后进行重塑愿景，不断创立新业务，革新新技术，提高自身适应环境变化的反应能力，企业便会重新塑造出一个崭新的面貌，实现组织架构的再次升级，企业仍然得以健康地发展。企业规模与时间的关系如图 3–4 所示。

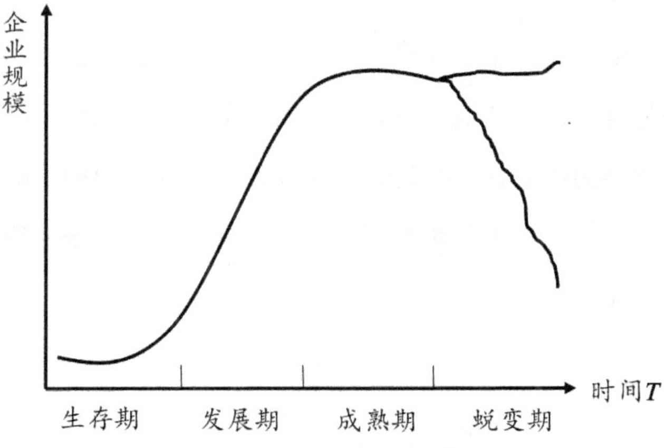

图 3–4 企业规模与时间的关系

3.2.2.2 企业质量维度与时间的关系

企业的内在质量发展是保证企业健康成长的前提条件，随着企业规模的不断扩大，企业的内在质量也逐步提升。当企业处于生存期的时候，产品比较单一，尚处于待突破的阶段，此时不管是企业的规模还是企业的质量都相对较为弱小，在这一阶段，企业重心在急于拓展市场，扩大规模，因此生存期阶段企业质量的提升非常缓慢，往往不具有加速性。待企业进入发展期后，企业规模进入急速扩张阶段，企业规模的扩大为企业带来了强大的市场开拓能力，品牌和名声也相继为人知晓，在此过程中企业内在质量也得到相应提升，开始逐渐具有质量维度的加速成长趋势。当企业达到最优规模之后，开始将重心转移到发展内在质量这一层面，在这一时期，企业前期由于规模扩张所带来的利润可以用来完善企业组织结构，促进企业技术能力、管理能力以及企业文化等各方面内在质量的提升，因此成熟期这一成长阶段，是企业内在质量发展的重要时期，是企业质量提升最快的时期，也是质量维度最具有加速成长性的时期。但在接下来的发展过程中，企业如果满足于自身规模和质量同步提升所带来的经济效益，忽略外在环境市场不断变化的复杂竞争格局以及对未来发展趋势的研究判断，故步自封，不思创新，则企业变化陷入老化和衰退阶段，企业质量也会呈现加速下降的趋势。若企业能在成熟期居安思危，不断进行创新能力和适应外在环境变化能力的重塑和提升，则企业便可避免衰退的厄运，实现进一步的蜕变和复兴，开始为新生命周期的启动提供机会。企业质量维度和时间的关系如图 3–5 所示。

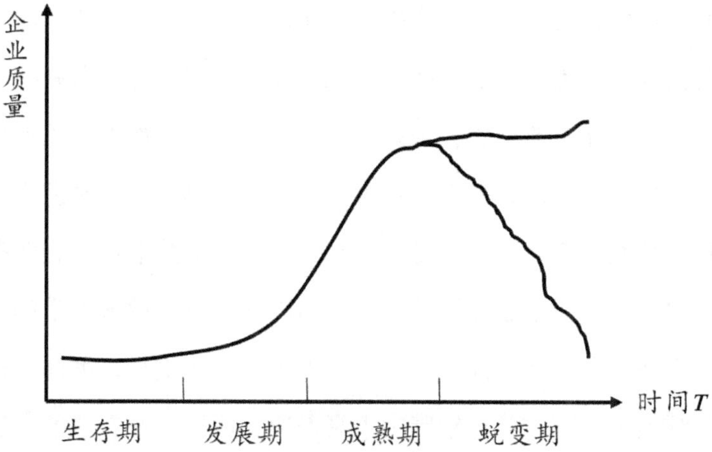

图 3-5 企业质量与时间的关系

3.2.2.3 企业创新能力维度与时间的关系

创新能力是一个企业不断适应环境的变化而取得不断发展的不竭动力，因此也被称为企业成长的“新鲜血液”。当前激烈而复杂的市场竞争格局下，创新已经成为竞争优势的核心和灵魂所在。创新可以是单元的、微观的，也可以是整体的、系统的，甚至颠覆性的。创新包括技术创新、组织创新和模式创新等不同形式的创新，从企业参与国际竞争的角度来讲，技术创新已成为国与国之间竞争的核心，技术创新和科技进步的领先可以使企业在竞争格局中掌握主动权。从经济学角度来讲，技术创新是一个经济过程，并且企业应当成为技术创新的主体，因此本书重点讨论企业技术创新与企业加速成长的关系。基于竞争优势获取的角度，本书认为企业技术创新能力是促进企业快速成长的重要力量。在企业求生存的阶段，企业规模较小，在技术创新方面的投入也较少，此时技术创新能力较弱但具有一定的突破性；当企业进入发展期，企业规模开始进入加速扩张阶段，营业收入逐渐增加，这为企业在技术创新方面的加大投入奠定了坚实基础，因此企业技术创新能力得到逐步提升。在此过程中，有的企业较为重视技术创新的投入，于是技术创新能力呈现加速成长的趋势，但有些企业仍然将规模的扩张放在首要位置，并没有意识到提升创新能力的重要性，因此在技术创新能力上不同企业产生巨大的差异；正是由于这种差距，造成不同企业间未来发展潜力的巨大差异。在企业进入成熟期后，企业拥有了既得利益和地位，有些企业开始满足于依靠以往的创新投入带来的产出保持这些既得优势，在创新方面的考虑和投入不再继续增加，因此会造成技术创新能力开始走向下坡路；接着步入衰退期，但若企业在成熟期后期积极进取，重视客户需求和市场竞争格局的不断变化，便会不断提升自身创新能力以应对未来市场的变革，强大的创新能力和灵敏的市场反应速度会使企业在日新月异的市场竞争中脱颖而出，实现向新生命周期的迈进。企业创新能力与时间的关系如图 3-6 所示。

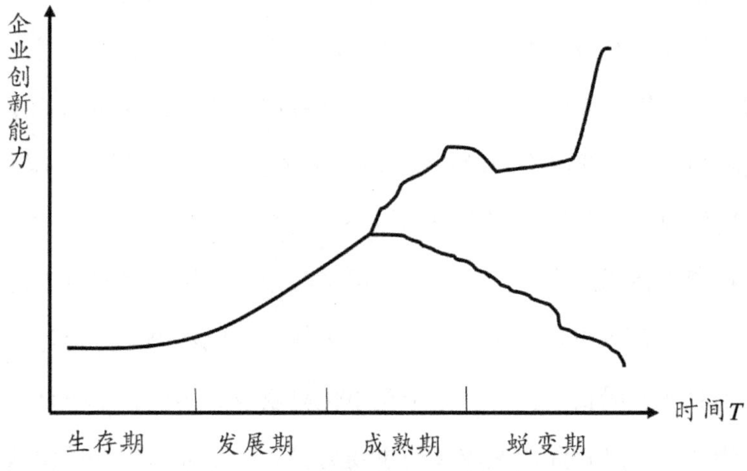

图 3-6　企业创新能力与时间的关系

3.2.2.4　企业规模、企业质量与企业创新能力的关系

由前述企业加速成长的内涵分析来看，企业加速成长包含了三个维度

构成要素在时间维度上的加速成长过程，这三个维度分别是企业规模维度、企业质量维度和企业创新能力维度，其中企业创新能力维度是企业未来加速成长潜力的表现。这三个维度尽管从不同角度出发反映了企业的加速成长状态，在企业成长的不同时期各维度的成长趋势也不尽相同，但是这三个维度并不是孤立存在的，相互之间存在着较为密切的联系。

企业规模的扩张往往表现为经营资源的增加，具体体现为总资产、员工数量、营业收入等指标的优化，当企业规模扩张到一定程度时，企业开始将重心转移到培育企业内在质量和创新能力上去，企业规模扩张所带来的经济收益为企业内在质量的提升和创新能力的培养提供充实的物质基础和动力，使企业在提升内在质量和创新能力方面能够有更多的投入，从而加快企业质量和企业创新能力的提升速度。企业质量维度的加速成长表现为组织结构优化，管理能力高效以及盈利能力、营运能力、偿债能力等多方面能力的系统提升和进一步优化，企业质量的提升可以提高企业的运作效率，优化企业的运作模式，进而带来企业成本的降低和企业生产效率的提升，从而使企业规模的进一步扩大成为可能，因此企业质量维度的加速成长也可以对企业规模的加速扩张起到一定的促进作用。企业的创新能力（本书重点关注技术创新能力）被看作是企业竞争优势的重要来源，尤其是对于制造企业来讲，企业技术创新能力的提升可以带来企业新产品生产成本的降低、用户满意度的提升以及销售利润的增加等多方面优势，因此企业创新能力的提升对企业规模的扩张、企业质量的提升均具有直接或间接的正向促进作用，企业创新能力的加速提升可以为企业质量和企业规模的加速发展带来优势。企业规模的扩张、质量的提升以及创新能力的增强三者共同作用，形成良性循环，进而使企业得以超越竞争对手，使企业的加速成长成为可能。企业加速成长的三维构成要素之间相互关系示意图如

图 3–7 所示。

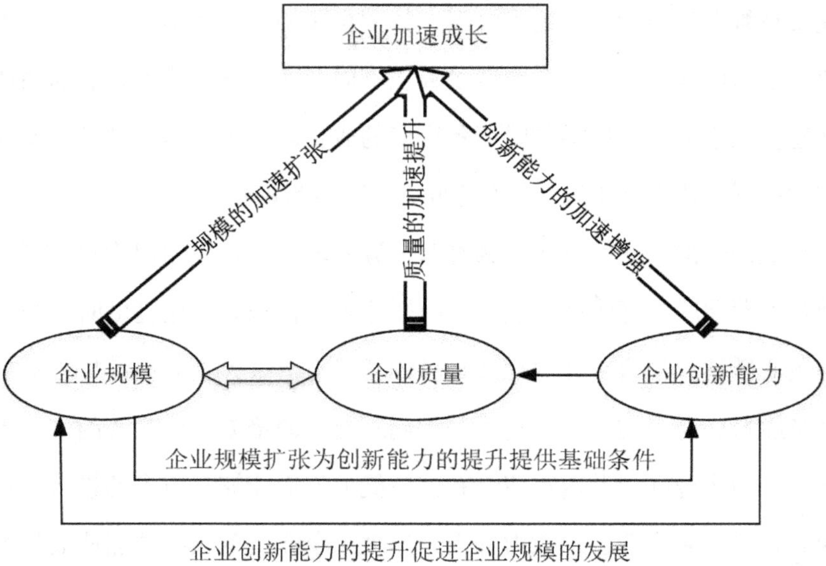

图 3–7　企业加速成长的三维构成要素相互关系示意图

3.3　企业加速成长的多元模式分析

根据前文关于企业加速成长内涵的分析，按照企业加速成长的驱动力量来源不同，总结企业加速成长可以表现为以下几种不同的加速模式：规模拉动型加速成长模式、质量发展型加速成长模式、创新驱动型加速成长模式以及多因素协同促进型加速成长模式，本部分内容就企业加速成长的不同模式展开分析。

3.3.1　规模拉动型加速成长模式

企业规模的加速扩张是企业加速成长最为直观的表现形式，尤其在企业生存期和发展期，为了寻求生存机会以及拓展市场，企业对规模扩张的需求最为紧要，因此部分企业在此期间表现出规模的加速扩张性，此时如果质量的发展和创新能力的提升均暂未实现加速，则企业会表现为依靠规模加速扩张这一单因素驱动力来实现企业加速成长的形式，本书称之为“规模拉动型加速成长模式”，规模拉动型企业加速成长模式在加速性方面表现为企业规模扩张加速度值大于0且大于企业成长总加速度值，而企业质量加速度值和企业创新能力加速度值均小于企业成长总加速度值。

企业规模扩张的外在表现形式主要包括资产总额、员工数量的扩大以及营业收入和营业利润的增加等方面。企业规模扩张的主要实现途径和方法可以大致分为企业内涵式规模扩张和外延式规模扩张两种[172]。

3.3.1.1 内涵式规模扩张

企业通过提高自身经营管理能力水平，提升产品的销售能力，不断优化组织结构，实现经营效率和销售水平的提升；通过新技术的开发和使用，新产品的生产和销售，实现商品生产成本的降低和生产效率的提升；通过在原生产场地加大设备投资或者在其他地方设立子公司等形式来扩大生产规模，提高产品的生产数量。以上方式可以通过实现营业收入和营业利润的增加来实现规模扩张，这种通过企业内部自身发展来实现的规模扩张本书称为“内涵式规模扩张”。

3.3.1.2 外延式规模扩张

企业实现规模扩张的另外一种常见的主要形式是并购与重组。这种形式主要是指在迎合市场需要和适应市场规律的前提条件下，企业通过购入与自身生产经营类型相近的那些较小的、不具备实现规模经济效益条件的弱小企业，来实现自身规模的快速扩张，是企业追求规模经济利益和谋求垄断利润的主要途径。企业的并购或重组带来的直接效应主要是资产规模的扩大和员工数量的增加，这种通过与其他企业的合并带来的扩张本书称之为“外延式规模扩张”。企业的规模拉动型加速成长模式的形成机制如图 3-8 所示。

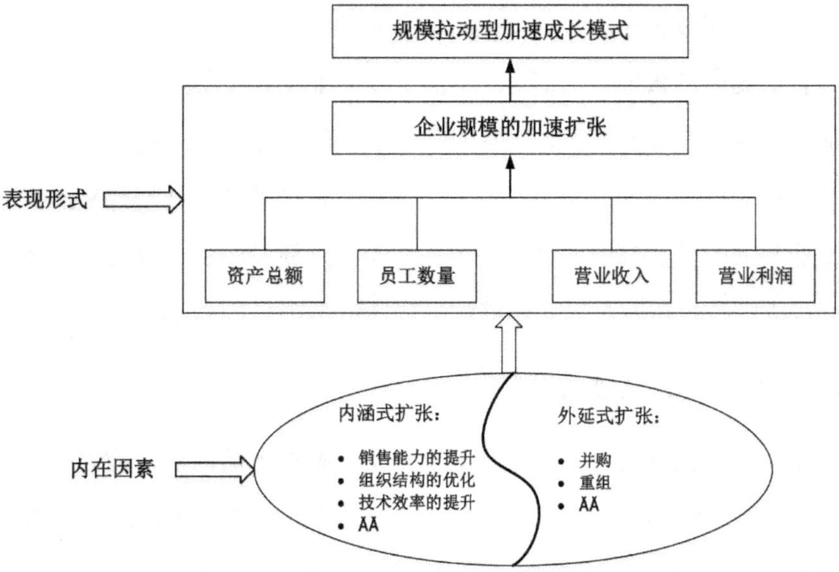

图 3-8　企业规模拉动型加速成长模式形成机制

3.3.2　质量发展型加速成长模式

当进入发展期后，随着企业规模的不断扩大，企业内在质量发展的重要性逐渐凸显出来，尤其当企业达到规模最优化之后，重点便转移到企业内在质量的发展上来，此时企业质量呈现加速发展趋势，当企业实现加速成长的主要驱动力量来自企业质量发展的加速时，本书称其为“质量发展型加速成长模式”。质量发展型企业加速成长模式在加速性方面表现为企业质量发展的加速度值大于 0 且大于企业成长总加速度值，而企业规模扩张加速度和企业创新能力加速度值均小于企业成长总加速度值。

本书所指企业质量主要是企业的盈利能力、营运能力、偿债能力以及每股收益情况的综合发展状况，企业这几类能力的提升和发展共同促进了企业质量的提升。其中，企业盈利能力一般是指企业获取利润的能力，是企业自身和外界投资者普遍关注的核心问题，反映企业盈利能力的指标非常多，主要包括净资产收益率（ROE）、营业利润率、成本费用利用率、市盈率、每股净资产等指标；企业的营运能力是指企业对经营资本的运营及周转情况，反映了企业对各项经济资源的使用和运作效率的高低情况，反映企业营运能力的指标主要有应收账款周转率、存货周转率、流动资产周转率以及总资产周转率等；偿债能力是企业偿还短期债务和长期债务的能力，是企业能否健康运行的关键所在。不仅如此，通过对企业的偿债能力进行分析还能对企业未来的经营能力和风险以及收益能力进行预测，偿债能力的一般反映指标主要有现金比率、速动比率、流动比率以及现金流动负债比等；每股收益是税后利润与股本总数的比率，通常可以用来反映企业的经营成果和获利水平，是投资者用来衡量股票收益水平以及收益风险的重要指标。企业质量发展型加速成长模式的形成机制如图 3–9 所示。

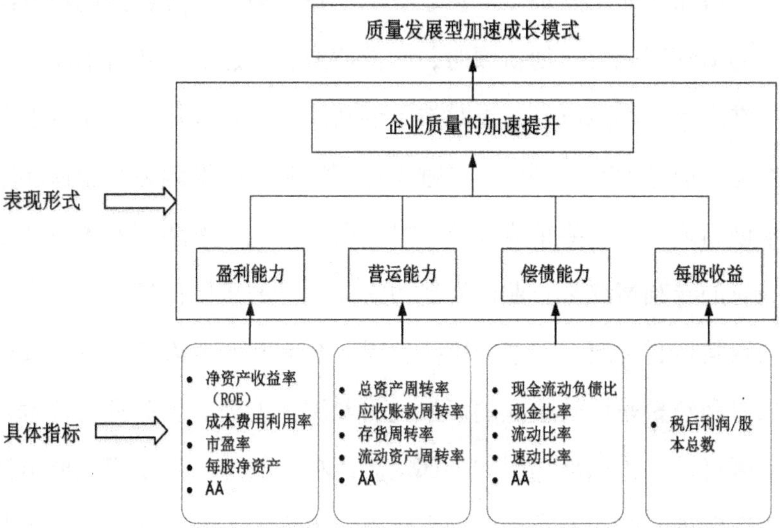

图 3–9 企业质量发展型加速成长模式形成机制

3.3.3 创新驱动型加速成长模式

根据前述关于企业创新能力及企业核心竞争优势获取的分析（本书主要讨论企业的技术创新能力），企业独有的技术创新能力具有稀缺性、价值性、难以模仿性和不可替代性等异质性资源的特征，属于异质性资源的一种。本书认为企业独特的技术创新能力是企业尤其是制造企业核心竞争优势的主要来源，不同企业在技术创新能力上的差距可以引起企业成长性上的差异化，因此技术创新能力的加速提升是驱动企业加速成长的重要内生性力量。本书将以技术创新能力的加速提升为主要驱动力量的企业加速成长类型称为“创新驱动型加速成长模式”。创新驱动型加速成长模式在加速性方面表现为企业创新能力加速度值大于0且大于企业成长总加速度值，而企业规模扩张加速度和企业质量发展加速度均小于企业成长总加速度值。

根据傅家骥先生的观点，企业技术创新能力可以分解为创新资源投入能力、创新管理能力、创新倾向、研发能力、制造能力和营销能力[173]，内涵非常广泛。其他研究人员对技术创新能力的解读尽管在观点上存在着一些差异，但是大部分研究不可避免地都提到了研发能力和制造能力是企业技术创新能力的重要组成部分[174]。研发投入金额和研发人员数量以及企业拥有的专利情况是企业研发能力得以提升的重要保证，结合中国上市企业的资料披露情况，本书使用研发投入金额和研发人员数量以及企业所拥有的专利数量来反映企业的研发能力及制造能力。企业进行技术创新活动的动因可以分为内部动因和外部动因两种，其中内部动因主要包括企业家的创新精神、企业追求利润最大化以及追逐成本降低的本质、企业转型升级的需要等因素，外部动因主要包括例如科学技术的进步、市场竞争的需要、企业对新产品新技术的需求以及政府行为等各方面影响因素。企业创新驱动型加速成长模式形成机制如图 3–10 所示。

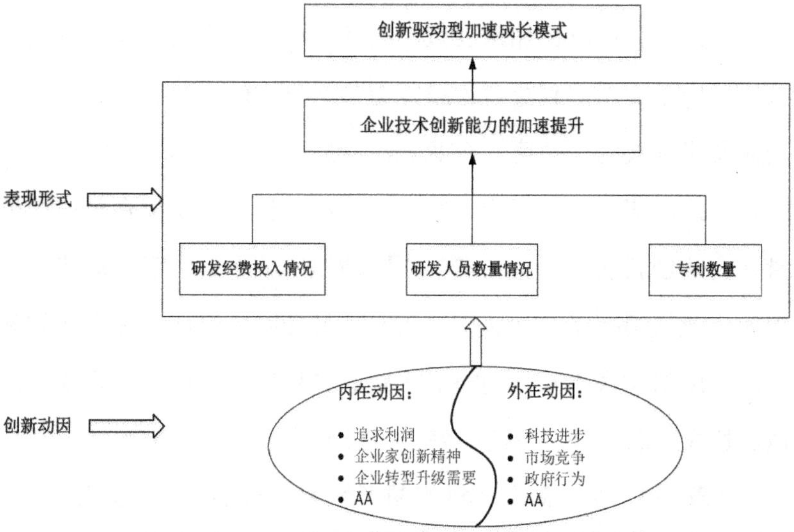

图 3–10 企业创新驱动型加速成长模式形成机制

3.3.4 多因素协同促进型加速成长模式

除上述所分析三种加速成长模式之外，还会存在多因素协同促进型的企业加速成长模式。多因素协同促进型企业加速成长模式按照驱动力量来源的不同可以分为双因素协同促进型以及三因素均衡发展型加速成长模式，其中双因素协同促进型加速成长模式包括规模 – 质量双因素协同促进型、规模 – 创新双因素协同促进型以及质量 – 创新双因素协同促进型三种模式，三因素均衡发展型加速成长模式即规模 – 质量 – 创新均衡发展型加速成长模式。

规模 – 质量双因素协同促进型加速成长模式是指由企业规模和企业质量共同驱动的企业加速成长，具体表现为企业规模扩张的加速度和企业质量发展的加速度均大于 0 且大于企业成长加速度值；规模 – 创新双因素协同促进型加速成长模式是指由企业规模和企业创新能力共同驱动的企业加速成长，具体表现为企业规模扩张的加速度和企业创新能力增强的加速度均大于0且大于企业成长加速度值；质量–创新双因素协同促进型加速成长模式是指由企业质量和企业创新能力共同驱动的企业加速成长，具体表现为企业质量发展的加速度和企业创新能力增强的加速度均大于0且大于企业成长加速度值；三因素均衡发展型加速成长模式是指在企业规模、企业质量和企业创新能力三个因素共同驱动作用下企业实现的加速成长，具体表现为企业规模扩张的加速度、企业质量发展的加速度和企业创新能力增强的加速度值均大于0且均略低于企业成长加速度值。多因素协同促进型加速成长模式的分类及特征如表3–1所示。

表3–1　企业多因素协同促进型加速成长模式分类及特征

多因素协同促进型加速成长模式分类	双因素协同促进型			三因素均衡发展型
	规模–质量协同促进型	规模–创新协同促进型	质量–创新协同促进型	规模–质量–创新均衡发展型
内涵	由企业规模和企业质量共同驱动的企业加速成长	由企业规模和企业创新能力共同驱动的企业加速成长	由企业质量和企业创新能力共同驱动的企业加速成长	由企业规模、企业质量和企业创新能力三者共同驱动的企业加速成长
具体特征	企业规模扩张的加速度和企业质量发展的加速度均大于0且大于企业成长加速度值	企业规模扩张的加速度和企业创新能力增强的加速度均大于0且大于企业成长加速度值	企业质量发展的加速度和企业创新能力增强的加速度均大于0且大于企业成长加速度值	企业规模扩张的加速度、企业质量发展的加速度和企业创新能力增强的加速度值均大于0且均略低于企业成长加速度值

3.4　本章小结

本章主要对企业加速成长理论的概念、特征、内涵及加速成长的不同模式做了相关分析和说明。

（1）从制造企业获取核心竞争优势的角度出发，在企业成长理论、企业生命周期理论、企业竞争优势理论的基础上提出了“企业加速成长性”的概念，引入企业成长“加速度”的概念，对企业加速成长性的基本概念和特征进行了描述。即企业加速成长是企业在一定时间内成长速度得以提升，成长加速度大于0的过程，并且与竞争对手相比，加速度越大表示该段时间内企业的成长性越强。本书认为企业加速成长性具有相对性、动态性、持续性以及风险性的基本特征。

（2）从企业加速成长内涵的角度出发，提出了企业加速成长的四维空间模型体系，对该模型体系的构建以及各维度之间的关系进行了分析。企业加速成长是包含企业规模加速扩张、企业质量加速提升以及企业创新能力加速增强三个维度的加速，这三个因素相互区别又相互联系，三者共同作用，形成良性循环，进而使企业超越竞争对手，实现企业的加速成长。

（3）本书提出企业加速成长可以表现为以下几种不同的加速模式：规模拉动型加速成长模式、质量发展型加速成长模式、创新驱动型加速成长模式以及多因素协同促进型加速成长模式。其中，规模拉动型加速成长模式是指依靠规模加速扩张这一单因素驱动力来实现企业加速成长的形式；质量发展型加速成长模式是指企业实现加速成长的主要驱动力量来自企业质量发展的加速；创新驱动型加速成长模式是指企业实现加速成长的主要驱动力量来自企业创新能力增强的加速；多因素协同促进型加速成长模式又分为双因素协同促进型加速成长模式和三因素均衡发展型加速成长模式，双因素协同促进型加速成长模式包括规模－质量协同促进型、规模－创新协同促进型以及质量－创新协同促进型，三因素均衡发展型加速成长模式是指企业规模－质量－创新三因素均衡发展型加速成长模式。

本部分内容对企业加速成长的概念、界定方法、特征、企业加速成长的内涵以及基于不同因素驱动的企业加速成长多元化模式展开了相应研究，提出企业加速成长的四维度空间模型体系，弥补了以往仅从企业规模这一单一维度分析企业成长问题的不足，对传统的企业成长理论、企业成长性评价理论等进行了一定程度的丰富和扩充，对企业加速成长理论的进一步发展起到了抛砖引玉的作用。

第三篇

技术创新如何影响企业成长？如何影响企业加速成长？如何影响产业发展？

4　技术创新对企业成长的影响作用分析

5　企业加速成长的技术创新驱动作用分析

6　中国高技术产业发展的科技创新驱动效应研究

4 技术创新对企业成长的影响作用分析

创新被认为是企业长期竞争战略的关键组成部分。对企业来说，创新主要分为组织创新和技术创新两个方面，值得注意的是，目前在商业领域中知识的重要性与日俱增，当今社会甚至被誉为“知识经济”的时代，知识意味着创造，创造会引起社会财富和就业率的增加。对企业来讲，知识创造会引起技术创新能力的增强，从而影响到企业规模的扩张，所以技术创新能力在企业成长的研究领域中一直受到广泛的关注。

国内外不少研究将研发投入强度作为关键指标对企业成长和技术创新之间的关系进行探究，有趣的是不同学者得出的结论并不一致。部分研究表明企业研发投入的强度对企业成长呈现积极的效应，另有部分研究认为企业研发投入的增强对企业成长存在着负面效应。随着研究的深入，有学者将专利数量和研发技术人员的比例引入技术创新能力的影响因素模型，并得到了积极的结果。从此前文献研究成果总体来看，目前对技术创新能力对企业成长过程的影响研究尚未形成统一标准的体系。另外从实证的研究方法角度来看，国内外大多文献是基于多元线性回归、分位数回归以及静态面板数据回归等统计分析方法的角度，较少见使用动态面板模型进行估计。本书认为企业的成长会受到上一期企业规模的影响，于是考虑引入上一期企业成长变量，使用动态面板模型对技术创新能力及企业成长之间的影响路径进行探究。

创业板上市的企业主要为创新型的高成长性企业，公司大多从事高科技业务，创业板自开市以来在公司的成长性及技术创新能力方面也存在争议。鉴于此本书选取创业板上市的 70 家企业 2010—2018 年的数据，运用动态面板系统 Generalized Method of Moments 的估计方法对企业技术创新能力和企业成长之间的关系进行了动态分析，并针对分析结果提出了相应的发展建议。

4.1 理论假设

现代创新理论的提出者约瑟夫·熊彼特认为：创新是引起经济增长的重要原因。随着创新理论的逐渐发展，现代经济学理论普遍认为：创新在企业成长过程中起着重要的影响作用。技术创新意味着知识成果的转化，是创新的重要内容，在企业成长的影响因素研究中具有重要的意义，从而引起了国内外学者的广泛关注。不少研究中，技术创新能力被认为是保持企业竞争优势的关键所在，是决定现代企业存活与发展的重要因素。

从国内外众多研究来看，目前对于企业技术创新能力的度量并无统一标准，一般选用研发投入强度、专利数量、研发人力资本等作为技术创新的度量指标，尽管如此，大部分研究普遍认可将研发投入的强度作为反映企业技术创新能力的指标之一。例如国外学者 Marco 等人以研发经费支出作为指标，用分位数回归的方法对技术创新和企业成长及企业出口的关系做了探讨，他们认为研发投入对企业员工数量的增长具有正向促进作用，但由研发引起的出口贸易与企业员工数量的增加呈现负相关的现象。Subrahmanya 等人的研究对 200 多家中小企业进行了分析，发现研发投入等指标均与企业的营业收入有正相关的关系，这验证了技术创新能力对企业成长的促进作用[12]。Bogliacino、Falk 等人的研究结果也表明研发支出对企业的成长具有正向的积极作用，而部分学者在研究过程中得到了不一致的结论，例如 Brouwer 的研究表明研发投入对企业的成长具有消极的影响作用，Nunes 等人运用两阶段估计法得出了企业的研发投入强度与企业成长呈现倒 U 形的关系，并非负面影响作用。除此之外还有部分学者的研究表明技术创新投入与企业成长并无明显的相关性。

国内学者陈晓红等人将技术背景的高管人员和专利指标引入技术创新能力因素模型中，对中小板上市企业进行了分析，结果表明技术创新能力和企业成长呈现倒 U 形关系。王喜刚等人对 174 家工业制造类企业进行实证研究，结果发现组织创新和技术创新能力都对企业绩效有正向影响。陈丹等人的研究采用因子分析和逐步回归的方法对中小板上市企业 2005—2008 年间的数据进行了分析，结果发现对中小板企业来说，技术创新的产出能力对企业的规模扩张有着显著的促进作用，但技术创新的投入在一定时期内会对企业的财务业绩有负面的影响。

综上所述，尽管关于技术创新能力对企业的影响作用尚未形成统一的标准和体系，但大部分研究均表明技术创新能力与企业成长之间存在着一定的相关性。不少文献在技术创新能力和企业成长的指标选择上较为单一，且在研究方法上，国内外研究大多是基于多元线性回归、分位数回归以及静态面板数据回归等统计分析方法的角度，不足以反映技术创新对企业成长的动态性影响。本书认为企业的成长一般会受到上一期企业规模的影响，故而在研究时应该采用动态面板数据模型进行分析。

创业板创立的初衷主要是为了扶持中小企业，尤其是高成长性、创新性的企业，高科技创新型产品的研制是其立足于市场的关键所在，因此技术创新能力对创业板上市企业来说应当具有正面的影响作用，但结合文献调研结果并考虑到创业板上市企业多为中小型创新型企业，资金规模有限，过多的研发投入有可能给企业规模的扩张带来负面的影响，本书基于以上分析首先提出如下假设：

H1：企业专利授权数量对创业板上市企业成长具有正向促进作用。

H2：企业研发投入强度与创业板上市企业成长之间存在负相关关系。

H3：企业研发人员数量占比对创业板上市企业成长具有正向影响作用。

H4：企业高学历人员占比对创业板上市企业成长具有正向影响作用。

4.2 研究设计

4.2.1 数据来源与变量选择

上市公司的年报信息披露较为准确可信，创业板上市企业多为成长型的科技型企业，其成长状况对技术创新的依赖性更强，并且创业板上市企业对技术创新能力方面的信息披露更加全面，于是本书选取创业板上市企业作为测度研究对象，所有数据均从各企业的年报中获得。样本企业满足如下条件：2010—2018 年间年报信息披露完整，研究期间无 Special Treatment 或停牌现象。经过筛选，共有 70 家样本企业进入研究考察范围，最终形成了样本期为 2010—2018 年，截面企业数量为 70，观测值数量为 4410 的平衡面板数据集。

在变量的选取方面，本书选择将企业资产总额、员工数量、营业收入和营业利润的综合评价结果作为被解释变量来衡量企业成长状况，用 S 表示，综合评价结果由变异系数法求取权重进而加权合成指标获得。解释变量的选择中，除了大家普遍选择的研发投入强度之外，本书认为专利拥有数量反映的是企业的技术积累能力，是企业技术创新能力的重要指标，将其考虑在内。考虑到技术创新需要人才，本书将研发人员占员工总数的比例及本科以上学历员工所占比例考虑在内，于是本书的解释变量包括专利授权数量、研发投入强度、研发人员占比及高学历人员占比四项。由于企业成长还受其他因素的影响，本书引入企业年龄和反映企业盈利能力的净资产收益率作为控制变量。考虑到在我国，不同年份市场行情差别较大，股票市场波动性较强，可能影响企业价值的判断，因此在估计时加入年度虚拟变量以控制年度固定效应。为减少异方差以及增加结果的解释性，本书数据除虚拟变量外全部取对数处理，各变量定义及描述如表 4–1 所示。

表 4–1　变量定义及描述

变量类型	变量名称	变量符号	变量定义
被解释变量	企业成长	S	综合评价所得
解释变量	拥有专利数量	pa	专利授权数
	研发投入强度	rdex	R&D / 营业收入
	研发人员占比	rdhr	研发人员数量 / 员工总数
	高学历人员占比	ta	本科以上学历人数 / 员工总数
控制变量	Return on Equity	ro	净资产收益率
	企业年龄	ag	样本年份—企业成立年份

4.2.2　动态面板数据模型的构建

企业成长过程中会有惯性依赖作用，经常可能会受到上一期的影响，另外还可能会出现一些观测不到的特征对企业成长产生影响或与解释变量存在某种关系，这些效应难以预测和度量，但通过引入企业成长综合评价值的滞后项这一指标便可以中和这些因素。基于以上阐述和样本数据特征，本书构造出以下动态面板数据模型：

$$S_{i,t}=\beta_1 S_{i,t-1}+\beta_2 \mathrm{pa}_{i,t}+\beta_3 \mathrm{rdex}_{i,t}+\beta_4 \mathrm{rdhr}_{i,t}+\beta_5 \mathrm{ta}_{i,t}+\beta_6 \mathrm{ro}_{i,t}+\beta_7 \mathrm{ag}_{i,t}+\beta_8 \mathrm{yr}+u_{i,t}+e_{i,t} \quad (4\text{-}1)$$

其中，下标 i 和 t 分别为截面企业和时间；$u_{i,t}$ 为观测不到的各截面单元的固定效应，它不随时间发生变化；$e_{i,t}$ 为观测不到的随机扰动项，服从独立分布；yr 为时间虚拟变量。

4.2.3 动态面板数据模型的估计方法

在前述所构建的动态面板数据模型中，由于包含了被解释变量的滞后项，从而有可能导致解释变量与随机扰动项相关，并且企业成长综合评价值有可能和其滞后项及其他解释变量间存在内生性问题，所以传统的估计方法已经不能再一致无偏地估计参数。Blundell 和 Bond 提出的系统广义矩估计法（System-GMM）使用任意有益的滞后项作为工具变量，能够有效地构建 Generalized Method of Moments 类型工具变量矩阵[21]，并且 stata 统计软件中的collapse 技术可减少工具变量的数量以克服自由度损失的问题，能够有效地解决前述内生性问题，于是本书选择采用系统 GMM 估计方法。

利用系统 GMM 估计方法对动态面板数据进行估计分为以下几个步骤：

（1）对方程进行一阶差分处理以消除各截面单元的固定效应；

（2）将滞后变量作为差分方程中相应内生变量的工具变量来估计差分方程，从而得到一阶差分广义矩估计量；

（3）进一步使用水平方程的矩条件，将内生变量的一阶差分作为水平方程中相应水平变量的工具变量。

本书选用统计软件 stata15 对方程进行估计。

4.3 实证分析

4.3.1 企业成长综合评价

为避免对企业成长的评价过于片面，本书选择对可以反映企业成长状况的四个指标：企业资产总额、员工总数、营业收入和营业利润四项指标进行综合性评价，将综合评价的结果作为因变量。在评价之前对每个指标进行了标准化处理以消除量纲，方法是用指标值除以极大值。为了减少计算误差，对每个标准化数据都乘以 100 进行了适度放大，这样得出的数据最大值是 100，也更加符合人们的习惯。用变异系数法对每个指标求取权重，最终通过加权合成企业成长指数 S。

4.3.2 模型估计结果及解释

表 4–2 是通过系统 GMM 估计方法对创业板 70 家企业数据进行分析得到的技术创新能力对企业成长的影响作用实证结果。模型 2 是由于研发人员所占比例及高学历人才所占比例未通过检验而被剔除出的模型结果。

表 4–2　技术创新能力对企业成长影响的系统 GMM 估计结果

变量	含义	模型 1	模型 2
$S_{i,t-1}$	滞后一期的企业成长综合评价值	0.348 9***（0.000）	0.485 4***（0.000）
pa	专利授权数量	0.244 3***（0.000）	0.227 5***（0.000）
rdex	研发投入强度	–0.246 7**（0.025）	–0.271 8**（0.012）
rdhr	研发人员占比	–0.046 9（0.738）	–
ta	高学历人才占比	–0.089 3（0.746）	–
ro	净资产收益率	0.279 6**（0.016）	0.2068*（0.096）
ag	企业年龄	0.505 3***（0.009）	0.4237**（0.030）
AR（1）	–	0.018	0.013
AR（2）	–	0.916	0.477
Hansen test	–	0.376	0.217
Instruments	–	47	35

注：（1）* 表示在 10% 的水平下统计检验显著，** 表示在 5% 的水平下统计检验显著，

*** 表示在 1% 的水平下统计检验显著。（2）括号内数字为具体 p 值；（3）Hansen test 报告了工具变量过度识别检验的 p 值；（4）AR（1）和 AR（2）检验分别报告了一阶和二阶序列相关检验的 p 值。

观察回归模型的分析结果表 4-2，从整体上看，回归扰动项的一阶和二阶自相关检验 AR（1）和 AR（2）的检验结果表明，扰动项的差分存在一阶序列自相关，但不存在二阶序列自相关，而系统 GMM 分析允许扰动项一阶序列自相关，只要求不存在二阶序列自相关，这说明我们可以使用系统 GMM 对方程进行估计。Hansen 检验值大于 0.05，所以不能拒绝原假设，证明我们工具变量的选择是有效的，它们不与扰动项相关（Hansen 检验的原假设为过度识别约束是有效的，即工具变量的选择是有效的）。解释变量中滞后一期的企业成长综合评价值这一变量检验结果表明其在 1% 的显著性水平下显著，这说明引入滞后一期的因变量对模型来说效果非常好。以上检验充分说明我们构建的模型和选择的系统 GMM 估计方法都是合适的。

在模型 1 中，研发人员数量占比和高学历人员所占比例并未通过检验，从模型上看并未发现人力资本与企业成长评价值之间具有显著相关性，假设 3 和假设 4 并未得到验证。造成这一结果的原因可能是如果企业缺乏有效的激励机制的话，技术创新方面的人力资本并不能有效地实现创新产出，短期内不能明显地对企业规模的扩张产生促进作用，除此之外，创业板上市企业大多为高风险成长期的企业，尤其是对规模基数并不算大的企业来说提高研发技术人员及高学历人员的比例无疑意味着增加人力成本，甚至限制企业的发展。

模型 2 中将研发人员数量占比和高学历人员占比进行剔除，可以发现专利授权数量（pa）和研发投入强度（rdex）的弹性系数分别为 0.227 5

和 –0.271 8，p 值分别为 0.000 和 0.012，均通过显著性检验，假设 1 和假设 2 得到验证。这表明专利授权数量对企业成长能力有强烈的正向作用，而研发投入强度对企业规模的扩张具有负相关的作用，研发投入强度过大可能对企业成长不利，这与国内学者陈丹等人的研究结果一致[20]。造成这一结果的原因可能是对于中小型企业，尤其是本书所选取的创业板上市企业来说，研发投入占营业收入的比重过大，可能会造成企业的资金困难，加之如果研发投入未能实现良好的创新产出，短期内可能会对企业的发展产生不利的影响。

但专利授权数量对企业成长展现出的强烈正向效应表明，一旦研发投入和知识积累实现创新产出成果，便会对企业成长产生较为强烈的促进作用。尤其对于创业板企业来说，科技型创新型是其首要特征，大部分企业依靠高科技产品或创新型产品立足于市场，拥有越多的专利授权数量对提高企业的核心竞争力和市场竞争力越具有较为重要的推动作用。

反映企业盈利能力的净资产收益率和企业年龄这两个控制变量均通过了显著性检验且弹性系数为正，这说明企业盈利能力越强，企业的成长能力越好。而随着企业年龄的增加，企业的成长能力越来越强，这符合逻辑预期，也从另一个角度说明我们的模型设置合理，得到的结果可信，另外企业年龄的回归结果也从侧面说明创业板上市的企业还处在成长期，企业规模呈现越来越大的趋势。

4.3.3 稳健性检验

尽管表 4–2 中检验结果已经显示出模型的稳健性，但为了使结果的可信度更强，参考国内学者李建等人的研究[22]，我们选择用公司净利率（ra）来代替 ROE 反映企业的盈利能力，对上述结果进行再次系统 GMM 估计，检验结果并没有发生变化稳健性检验结果如表 4–3 所示。

表 4–3　稳健性检验

变量	含义	模型 1	模型 2
S_{it-1}	滞后一期的企业成长综合指数	0.390 4*** （0.000）	0.442 5*** （0.000）
pa	专利授权数量	0.268 3*** （0.000）	0.262 2*** （0.000）
rdex	研发投入强度	–0.215 2** （0.032）	–0.141 1** （0.018）
rdhr	研发人员占比	–0.062 7 （0.666）	–
ta	高学历人才占比	0.020 4 （0.943）	–
ra	净利率	0.028 6** （0.000）	0.027 3* （0.000）
ag	企业年龄	0.627 0*** （0.000）	0.631 1** （0.018）
AR（1）	–	0.055	0.057
AR（2）	–	0.161	0.189
Hansen test	–	0.468	0.246
Instruments	–	47	35

注：（1）* 表示在 10% 的水平下统计检验显著，** 表示在 5% 的水平下统计检验显著，*** 表示在 1% 的水平下统计检验显著。（2）括号内数字为具体 p 值；（3）Hansen test 报告了工具变量过度识别检验的 p 值；（4）AR（1） 和 AR（2） 检验分别报告了一阶和二阶序列相关检验的 p 值。

4.4　研究结论与建议

本书运用动态面板数据模型的系统 GMM 估计方法对创业板上市的 70 家企业技术创新能力和企业成长之间的关系进行了测度研究，主要研究结论概述如下。

（1）创业板上市企业所拥有的专利授权数量对企业成长具有显著的正向作用。这说明对于创业板上市的中小型企业来说，提高企业所拥有的专利技术能够促进企业产生新产品从而获取盈利，并且能够提高企业的核心竞争能力，使企业快速抢占市场先机，进而促进企业的成长。

（2）对创业板上市的企业来说，研发投入占营业收入的比重并非越大越好，投入过大有可能会对企业的成长造成一定的负面影响。尤其对于创新型中小企业，其规模较小，经常面临融资约束，并且此类企业大部分处于成长期，本身企业所处的环境风险相对较大，而研发活动也具有较高的风险性，这种情况下如果企业在研发投入方面过于盲目，势必会导致企业资金周转困难，从而成长难度变大。

（3）创业板上市企业中研发人员和高学历人员的研发人力资源投入并未发现与企业成长之间有直接的关系。加上研发投入对企业成长展现的负向影响，这说明创业板上市的企业目前来看并没有做好完善的激励机制，导致创新能力的产出周期较长，产出效果较差，与此同时过高的人力投入和研发经费投入还可能会对企业的成长力造成负面的影响，因此创业板上市企业应尽快完善人员的激励和淘汰机制，促进创新能力的快速产出。

尽管从分析结果来看企业在研发方面的投入，不管是人力还是物力，短期内可能并不能迅速实现预期的理想效果，但授权专利数量对企业成长的正向影响作用仍然启示我们企业绝不能放弃对技术创新能力的追求。此外本书的研究结论从侧面反映出，目前创业板上市企业存在的问题是技术创新的投入回报效率比较低，技术创新动力不足，对此本书提出如下发展建议。

（1）企业应当从长远考虑，制定长期的技术创新战略和完善的研发技术人员鼓励激励机制，由于企业规模不大，在研发投入方面应当做好严格的市场调研和资金预算，且研发资金的投入计划应当与研发技术人才相匹配，避免盲目研发投资。

（2）政府应当加大对中小型企业研发创新方面的政策及资金支持，尤其应当加强研发创新政策及资金扶持的“精准化”，严把“质量关”，遴选一批优质、前沿、重大的企业研发项目进行重点支持，在支持这类企业的同时做好量化考核，加强监管，确保好的研发项目及时“落地生根”。此外，由于研发项目本身所具有的高风险性，政府也应当建立完善、宽容失败的长效鼓励机制，帮助企业保障和提高技术创新产出效率，促进市场繁荣。

（3）有效促进科技型中小型企业的健康发展，除应当发挥政府的宏观调控作用外，更重要的是要发挥市场的主导力量。知识产权融资是缓解科技型企业尤其是中小企业融资难问题的有效途径，更是促进科技成果转化的有效途径，但其在我国的发展仍属于起步阶段，尚不成熟，因此我国应当尽快建立完善知识产权融资的市场环境与法律政策环境，为知识产权融资的进一步发展创造有利条件，切实为科技型中小企业拓宽融资渠道，高效助力科技创新与经济的融合式发展。

5 企业加速成长的技术创新驱动作用分析

5.1 技术创新与企业成长差异化的形成

企业成长问题的相关研究中，企业规模的成长最为直观也最易度量，更是企业普遍追求的外在成长形式，传统的企业成长分析范式也主要是从企业规模这一单一视角来衡量和讨论企业的成长状况和成长阶段，但规模的成长只是狭义的“成长”，随着研究人员对企业成长相关问题的研究不断深入，大家越来越意识到，企业规模的成长是企业成长的其中一种表现形式，但企业的成长并不仅以规模的扩大为唯一目的和结果，企业的成长过程应当是量变和质变的共同演进过程，企业规模的成长是成长，企业内在素质的成长也是成长。而对于本书所要研究的“企业加速成长”而言，除了需要关注企业规模的成长和企业质量的提升之外，还需要关注的是那些能够引起不同企业成长差异化的重要动因来源，以及可以使企业具备成长潜力的重要力量。

当今社会，企业的经营环境发生着深刻而复杂的变化，主要表现在经济的全球化、信息化和知识化迅猛发展，科学技术日新月异，市场需求也随之发生着翻天覆地的变化，企业为了寻求生存和发展，必须通过不断塑造新的竞争优势以适应复杂多变的外部环境。对于制造企业来讲，生产技术的进步可能带来企业成本的降低、用户满意度的提升以及销售利润的增加，因此技术创新对制造企业的生存和发展至关重要，本书认为对于制造企业来讲，技术创新能力的提升是“核心”竞争优势获取的一个重要来源，是企业得以超越同领域竞争对手而实现快速成长的重要途径。从经济学角度来讲，技术创新的概念并不仅仅是科学的概念，它是一个从产生新产品或新工艺的设想到市场应用的完整过程，它包括新设想的产生、研究、开发、商业化生产到市场推广并获得利润这一系列的活动，其本质上是一个科技、经济一体化过程，是技术进步与应用创新共同作用催生的产物，它包括技术开发和技术应用这两大环节。但受限于实践过程中我国制造企业的数据资料获取难度，本书从当前上市公司公开披露的资料中只能查找到研发活动（包括 R&D 经费的投入以及 R&D 人员的投入）以及专利情况这两类与企业创新行为相关的指标，而这两类创新指标恰好也是企业进行技术创新的主要途径，并且研发经费投入和研发人员数量反映了企业技术创新的投入能力，企业所拥有的专利情况反映出企业技术创新的产出能力以及知识产权获取能力，这三种指标可以在一定程度上反映出一个企业的技术创新能力水平。因此本部分重点从 R&D 活动情况和专利情况的角度来讨论企业是如何获取核心竞争优势的。以下从企业资源基础观和企业能力观的角度分析制造企业的 R&D 活动和专利获得与企业核心竞争优势的获取，以及与企业成长差异化之间的关系。

5.1.1 R&D 活动情况与企业核心竞争优势的获取

从价值链的角度来讲，企业研究与开发（R&D）活动是企业所从事的产品链的生产技术的研究与开发。对于制造企业来讲，新产品及其相应的生产技术开发能力是企业在激烈的市场竞争格局中赢得竞争优势最根本的保证。企业研发活动可以通过以下四个方面提升企业的核心竞争优势。

5.1.1.1 企业在研发活动过程中产生知识积累

企业参与研发创新的过程包括研发经费的投入和研发人员的投入，其中企业的研发人员本身是具有一定知识量的创新参与者，企业研发人员将自身所拥有的知识基础结合研发经费投入使用在研发活动中进行应用和转化，进而达到提升技术能力或产生新产品的目的。在此过程中研发活动过程本身又产生新的知识，因此研发人员和企业又产生新的知识积累，如此形成良性循环。企业 R&D 活动具有较强的创新性和较高的风险性，比较难以被竞争对手模仿和复制，因此而产生的知识积累属于稀缺的、不可替代的、难以复制的资源。基于企业资源论和核心能力论以及企业知识基础论，可以认为企业研发产生知识积累的过程是企业核心竞争优势的重要来源[175]。此外由于不同企业间研发人员的知识存量不同以及研发活动效率的不同导致不同企业存在“知识位势差”，这也是企业间竞争力差距的来源之一。

5.1.1.2 企业研发活动过程导致企业技术能力的提升

企业拥有一定知识量的研发创新人员通过参与研发活动将知识存量进行应用和转化，进而提高企业的技术能力，企业技术能力一旦得到提高，便可相应减少企业的交易成本，从而产生企业的竞争优势。

5.1.1.3 企业研发过程中的经验积累提高企业对新技术、新知识的吸收转化能力

很多企业在参与创新的过程中倾向于利用来自外部知识源的新概念、新知识、新理论和新技术，而企业自身参与一定的研发活动，进行一定的基础研究和应用研究的过程，不仅在于研发那些买不来的核心技术、关键技术，更重要的在于参与研发的过程中可以加强对自身外部知识的理解，从而提高企业对新技术、新知识的消化吸收和转化能力以及利用能力和创新效率。不同企业消化吸收和转化能力以及创新效率的差异，也是造成企业竞争力差距的来源之一。

5.1.1.4 企业通过不断地进行创新性的研发活动逐渐适应外部市场环境的变化

企业对外部市场竞争环境的变化有着十分敏感的反应，企业一旦感知到外部市场对于产品需求的变化便会及时采取相应的研发创新活动以调整自己的战略方向来适应这种需求的变化。从企业动态能力理论的角度来讲，这是一个不断改变和提升自己内在能力的过程，企业因此而获得核心竞争优势。

5.1.2 专利与企业核心竞争优势的获取

专利作为企业的无形资源，具有稀缺性、不可复制性、难以模仿性、垄断性、独占排他性以及创新性的特点，因此从企业资源理论角度来讲，专利这一无形资源可以作为核心竞争优势的主要来源[176]。企业在创造、占有和使用专利的过程中可以获得超越竞争对手的竞争优势，最大限度地获取核心竞争力以占有并维持市场地位。专利凭借其自身的特点，通过以

下几种途径促进企业竞争优势的形成。

5.1.2.1 专利技术

企业所研发或者从外部获取的技术一旦形成专利保护，便产生独占性和排他性，企业的竞争对手不得再从事相关产品的研发，专利保护制度使得拥有专利的企业有获取高额垄断利润的机会。此外专利保护制度也为企业技术的再次创新创造了发展空间，并且可以利用专利获取市场优势，提升企业的知名度[176]。

5.1.2.2 专利组合

企业将所拥有的专利按照互补优势进行组合可以避免单一专利使用中的片面性，将企业的专利发挥最大的价值，不同专利的强强联合可以使企业形成技术上的垄断竞争优势[177]。

5.1.2.3 专利联盟

不同企业间可以建立专利联盟，不仅弥补了企业自身专利的局限性，发挥专利互补的优势，提高专利的利用效率，还可以建立专利间的共享双赢机制，为进一步的技术创新提供强有力的知识基础。此外，专利联盟还可以形成技术壁垒，避免其他竞争对手的超越，因此，企业可以通过专利联盟来获取核心竞争优势。

5.1.2.4 专利战略

专利战略是通过将不同产业、市场、资源进行相互整合，实现各要素在不同环节之间的协同，强化该领域的优势，进而提升整体竞争优势[178]。

5.1.3 企业核心竞争优势与企业成长差异化的形成

通过以上分析，制造企业技术创新行为可以为企业带来核心竞争优势，核心竞争优势的获得可以产生成本优势、产品优势以及品牌优势，为企业得以超越竞争对手而实现生存和快速发展创造有利条件。但由于研发活动过程产生的效率和效益在不同企业间存在差距，专利的数量、质量以及专利战略在不同企业间也存在着差距，因此在不同企业间形成的核心竞争优势存在着较大的差距，而不同企业获取的核心竞争优势的差距形成企业竞争力的相对差距，进而带来企业成长性的巨大差异。企业核心竞争优势与企业成长差异化形成的概念模型如图 5-1 所示。

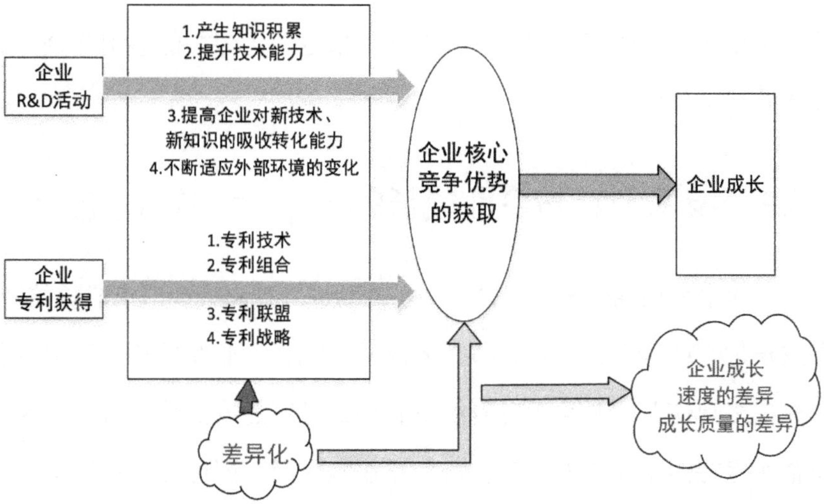

图 5-1 企业技术创新行为与企业成长差异化形成的概念模型

鉴于以上分析，本书认为在企业的加速成长过程中，技术创新扮演着十分重要的角色，甚至是企业加速成长的重要内在驱动力量。在本章剩余部分，通过实证分析的方式对企业技术创新能力与企业加速成长之间的关联性展开研究。

每个企业无不希望能够实现“超常规”的发展，希望能够在行业领域占据领先地位，都有着成为中国500强乃至世界500强的愿景，希望能够实现“加速”成长。然而伟大的目标从来都不是一蹴而就的，企业在实现“加速”成长之前首先要面临的是生存下来，继而成长起来的问题，因此技术创新能力对企业实现加速成长具有重要影响作用这一理论假设成立的前提是企业技术创新能力能够使企业具有一定的竞争优势，对企业的生存和发展均具有正向的促进作用。本章内容分别用Kaplan-Meier乘积限估计法和短面板数据回归分析的方法对制造企业技术创新与企业成长以及加速成长之间的关系进行了实证研究，结果表明企业技术创新能力的提升对企业成长具有重要的正向影响作用，能够助力企业加速成长的实现，证实了前文所述关于企业技术创新能力能够为企业带来竞争优势并能够引起企业成长差异化的理论分析。

5.2 技术创新与企业成长的Kaplan-Meier估计

从企业生命周期的角度来讲，企业自诞生之日起就有追求成长的冲动，但在成长过程中也面临着各种各样的成长危机，企业在成长过程中避免不了“成长之烦恼”，并且很有可能没有得到足够的成长就夭折了，因此能够使企业保持健康成长的状态，避免企业陷入经营困境的保护因素对企业来讲尤为重要，技术创新被认为是企业的新鲜血液，是企业在同行领域保持竞争优势的主要来源，是决定企业存活和发展的重要因素[179]。为初步探索技术创新对企业健康成长是否具有保护作用，本小节将已经发生成长危机的企业和健康成长中的企业结合起来，运用生存分析中的Kaplan-Meier估计方法对其进行了追踪观测。

高技术产业领域内的企业普遍技术创新能力比较强，是典型的以技术创新能力为核心竞争力的企业[180, 181]，为初步探索技术创新对企业健康状况的影响作用，本书根据高技术产业统计年鉴所列举的行业分类，将样本企业行业类别属于高技术产业的记为 2，普通制造企业记为 1，由此建立基于样本企业是否属于高技术产业而分层的生存分析，采用生存分析中的 Kaplan–Meier 乘积限估计法对制造业上市企业进行生存函数和危险函数的估计，对比了属于高技术企业和普通制造业之间健康概率和危险概率的差异。

5.2.1 样本数据

在本小节的研究中，我们将发生成长危机的事件设定为上市公司因连续亏损被 ST 特殊处理的情形。为避免不同行业间差异性过大对分析结果造成影响，选取中国 A 股上市公司中制造业类的企业进行实证研究，确定样本观测期为 2011 年—2017 年，搜索在此期间被特殊处理的企业，进行行业筛选，去除年报信息难以查找的企业，最终找到 66 家被 ST 的制造企业作为生存分析中发生事件的样本企业。在删失数据样本的采集处理方面，按照 1 ： 1 配对的方式，相对应地，等比例随机地按照股票代码抽取未被 ST 的正常制造企业作为未发生事件的删失数据样本（例如 ST 企业有 5 家在 1998 年上市，则从 1998 年上市的制造企业中随机选取 5 家），最终共获得 132 家样本企业，其中在观测期内发生成长危机的样本企业将企业状态赋值为 1，未发生事件的删失样本将企业状态赋值为 0。

5.2.2 研究方法

生存分析中常用生存函数和危险函数来刻画观测样本生存时间的分布

特征，生存函数是个体生存率的函数，危险函数是个体危险率的函数，在这里用生存函数来反映企业的健康成长概率，即健康率；用危险函数来反映企业陷入成长危机的概率，即危险率。Kaplan–Meier 乘积限估计是一种非参数估计方法，不需要依赖任何的假设，非常适合做探索性分析[182]。本小节建立了基于样本企业是否属于高新技术产业而分层的 Kaplan–Meier 估计，令 T 表示企业发生困境危机的时间，P 表示是否发生事件的随机变量，如果在观测期内发生成长危机（即被 ST），则 P 值为 1；如果观测期内未发生成长危机（即未被 ST），即删失数据，则 P 为 0。生存函数 $S_i(t)$ 表示的是企业 i 健康成长超过 t 年的概率，即

$$S_i(t)=P(T \geqslant t) \tag{5-1}$$

令 M_r 表示在时间 t_r 发生事件的观测对象数量，N_r 表示在时间 t_r 风险集中观测对象的数目。则由 Kaplan–Meier 估计法给出的生存函数的非参数估计表示为

$$S(t)=\prod\nolimits_{r:t_r<t}\left(1-\frac{M_r}{N_r}\right) \tag{5-2}$$

5.2.3 估计结果分析

对各样本企业的健康概率和危险概率进行估计，估计结果如图 5–2 所示。从图 5–2 可以看出，总体而言，企业生存曲线呈下降趋势，且随着时间的变化有进一步下降的趋势。高技术企业与普通制造业在最初几年健康概率和危险概率差别并不大，但是在几年之后，健康概率曲线和危险概率曲线均产生差异，尤其是在七八年后，高技术企业的健康概率与普通制造业明显区分开来，高技术产业领域内的企业健康概率明显高于普通制造业，而危险概率明显低于普通制造业。这是因为在几年之后，高技术产业前期的技术创新投入已初见成效，在技术成果上形成了领先于传统制造业的核

心竞争优势，这表明技术创新能力更强的高技术产业具有比普通制造业更强的成长优势，对市场竞争环境的适应能力更强，初步说明技术创新可以促进企业健康成长，降低成长危机发生的概率。

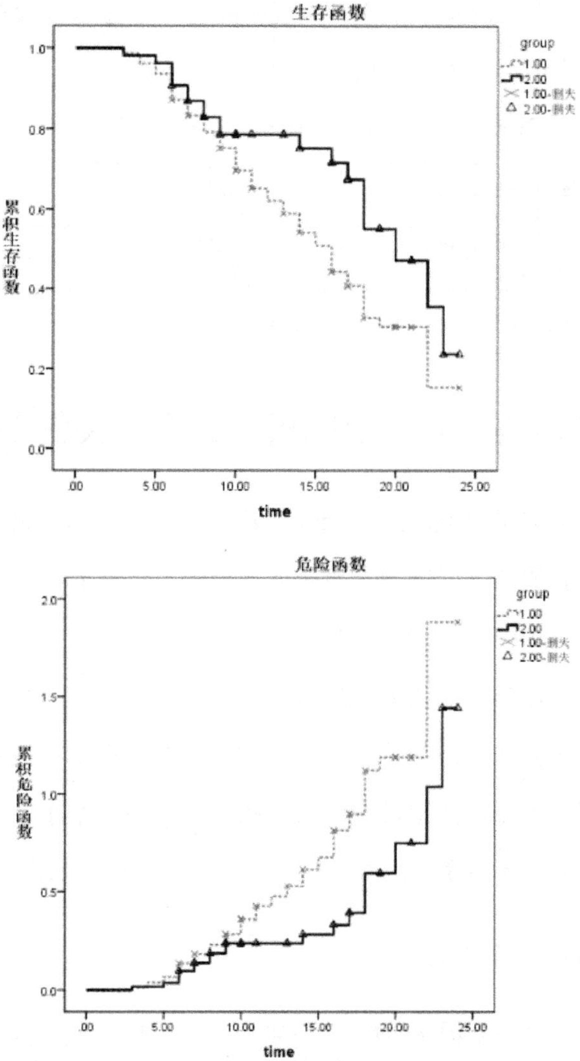

图 5-2　Kaplan-Meier 估计的企业健康状况曲线图

注：1.00 表示不属于高技术产业的普通制造企业，2.00 表示属于高技术产业的制造企业。

为检验高技术产业和传统制造业两组企业之间生存函数和危险函数差异性是否显著，对 Kaplan-Meier 估计进行了 Log Rank、Breslow、Tarone-Ware 三种检验，检验结果见表 5-1。三种检验 p 值均小于 0.1，Log Rank 检验和 Tarone-Ware 检验小于 0.05，表明高技术产业和普通制造业之间在企业健康状况方面存在统计学意义上的显著差异。

表 5-1　Kaplan-Meier 估计的三种检验结果

检验方法	卡方	显著性
Log Rank（Mantel-Cox）	4.239	0.040**
Breslow（Generalized Wilcoxon）	3.155	0.076*
Tarone-Ware	3.931	0.047**

注：*、**、*** 分别表示 10%、5%、1% 水平上显著。

5.3　技术创新与企业规模发展的关联性分析

前述第三章关于企业加速成长理论基础研究中提到，企业技术创新能力是竞争优势获取的重要来源，对企业规模的发展具有促进作用，纵然企业成长不能仅将规模的发展视为唯一目的和结果，但对企业来说，规模的成长是企业成长最为直观的表现形式，至少在目前企业成长评价领域，企业规模的发展对企业在参与行业排名时尤为重要。在本节内容中，为进一步验证技术创新对制造业上市企业成长的影响作用，本小节运用面板数据回归模型对技术创新与企业规模发展之间的关系进行了研究分析。

5.3.1　样本与数据

2009 年我国为扶持中小型企业特别是高成长性、创新性企业，为自主创新国家战略提供融资平台而设立了创业板，在创业板上市的企业大多具有两个特点：成长和创新。因此本书选取创业板上市的制造企业进行技术创新能力与企业规模发展情况的相关性分析的实证研究。由于证监会 2013 年开始强制上市公司披露研发情况，在此之前很多数据不齐全，也不够客观，为保证结果的准确性，本书选取 2013 年—2017 年五年间在创业板上市的制造企业进行研究。样本企业满足以下条件：2013 年—2017 年间企业各年报披露信息完整，期间无 ST 或者停牌现象，且企业所属行业为制造业。经过筛选，共有 236 家创业板上市的制造企业进入研究范畴。

在主要变量的选取方面，选择资产总额（亿元）作为被解释变量，以 ZC 表示，选取研发投入经费（亿元）、研发人员数量（人）以及企业获得的专利数量（件数）作为主要解释变量，用以衡量企业的技术创新能力，分别用 RDIN、RDR 和 PA 来表示。此前研究中不少学者选择研发投入占营业收入的比重来反映企业的技术创新能力[153，183-185]，但作者认为尽管研发投入占营业收入的比重代表着企业的研发强度，可以反映出企业对研发的重视程度，但是对于大规模企业来讲，由于营业收入这一基数比较大，所以有时尽管研发投入占营业收入比重小，但仍然能在技术创新上取得较大突破，因此用研发投入的经费数量这一指标更能反映出企业的技术创新能力大小。此外，尽管新产品的销售收入是衡量企业技术创新能力，尤其是创新产出能力的重要变量指标，但是受限于年报及数据库的披露数据[186]，作者并未能收集到该项指标，因此只能基于现有的数据资源，以研发经费投入、研发人员数量以及专利数量来反映企业的技术创新能力。数据获取的渠道来源包括：国泰安数据库、Wind 数据库以及各大上市公司的公开年报。

5.3.2 模型与变量

本小节的数据类型是典型大 N 小 T 型短面板数据结构，因此将采用计量经济学中的固定效应模型和随机效应模型分别进行估计，并用 Hausman 检验[187]的方法判断哪种方法更适用。

固定效应回归是一种控制面板数据中随个体变化但不随时间变化的一类变量方法，有 n 个不同的截距，其中一个截距对应一个个体。固定效应模型可以表示为

$$ZC_{it}=\alpha_i+\beta' X_{it}+\varepsilon_{it} \tag{5-3}$$

其中，ZC_{it} 代表第 i 个第 t 年年终时的市值大小；X_{it} 代表一系列解释变量和控制变量的向量合集；α_i 代表难以观测到的独特的企业异质性；β' 表示一组斜率的向量合集；ε_{it} 表示企业 i 第 t 年的残差。

对于随机效应模型来说，常数项是一个随机变量，可以写作如下形式：

$$\alpha_i=\alpha+u_i \tag{5-4}$$

其中 Ui 表示难以观测到的企业异质性随机变量，因此随机效应模式表现为如下形式：

$$ZC_{it}=\alpha+\beta' X_{it}+u_i+\varepsilon_{it} \tag{5-5}$$

参与模型的各变量名称及含义描述如表 5–2 所示。由于制造企业规模发展情况除受我们所假定的技术创新能力影响外，还受很多其他因素影响，因此除解释变量和被解释变量外，模型中还引入一些控制变量，这些控制变量包括企业的盈利能力（以净资产收益率来反映），企业文化资源（由于企业文化比较难以量化，本书借鉴刘一蓓的处理方法，以企业年龄作为企业文化的代理变量[188]），企业销售收入，企业营运能力（以资产周转率为代理变量），企业偿债能力（以现金流动负债比为代理变量），企业股权集中度（以第一大股东持股比例为代理变量），此外将企业所在地区加以控制（按照东、西、中部划分），并且加入时间固定效应。

表 5-2　各变量名称及含义

变量类型	变量名称	变量符号	含义
被解释变量	企业资产总额	ZC	企业当年年终资产总额（亿元）
解释变量	企业研发经费投入	RDIN	企业当年的研发经费投入（亿元）
	企业研发经费投入的平方	RDIN2	企业当年研发投入的平方项
	研发人员投入	RDR	企业当年研发人员的数量（人）
	专利数量	PA	企业当年拥有专利数量（件）
控制变量	企业年龄	AGE	企业当年营业收入（亿元）
	净资产收益率	ROE	企业当年净资产收益率大小（%）
	销售收入	SA	企业当年销售收入（亿元）
	偿债能力	CZNL	企业现金流动负债比（%）
	股权集中度	HERF	企业第一大股东持股比例（%）
	地区	REGION	按照东、中、西部划分
	时间	YEAR	年份

本书数据来源于国泰安数据库、Wind 数据库以及各大企业公开年报，为保证数据来源的准确性和可靠性以及指标的可获得性，本书选取 2013 年—2017 年五年间，在创业板上市的 236 家制造企业作为样本来源，每个企业包含了 50 多个变量，共形成了 1180 个观测值。最终获得 236 家创业板上市的制造企业 2013 年—2017 年五年间的平衡面板数据，相应的各变量名称及含义如表 5-2 所示。

5.3.3　变量描述性统计分析

表 5-3 是 2013 年—2017 年这五年期间创业板制造业上市企业的基本情况描述性统计结果。从研发投入的数据分析来看，2013 年至 2017 年，样本企业研发投入平均值由 0.358 亿元增加到了 0.868 亿元，翻了 240% 倍；研发人员的数量均值从 2013 年的 164 人增加到了 2017 年的 379 人；专利数量的均值从 2013 年的约 62 件增加到了 2017 年的 157 件。这说明创业板制造企业在提高技术创新能力方面的意识近几年逐步增强，研发投入、研发人员数量以及专利数量的标准差在五年期间也都逐渐增大，这反映出

各企业间技术创新活动的差距在逐渐增大。

表 5-3　2013 年—2017 年创业板制造业上市企业主要变量基本情况

变量名称	符号	年份	平均值	标准差	最小值	最大值
资产总额（亿元）	ZC	2013	14.445	10.020	3.230	67.875
		2014	17.505	12.050	3.604	68.905
		2015	23.441	18.427	3.652	119.062
		2016	31.021	27.934	3.800	209.015
		2017	37.977	36.525	3.109	295.268
研发投入（亿元）	RDIN	2013	0.358	0.308	0.029	1.797
		2014	0.425	0.368	0.018	2.2635
		2015	0.523	0.458	0.065	2.676
		2016	0.678	0.660	0.068	4.834
		2017	0.868	0.999	0.054	8.357
研发人员数量（人）	RDR	2013	163.657	153.331	16	1203
		2014	193.967	196.559	23	1677
		2015	256.339	294.207	18	2873
		2016	305.813	393.812	28	4126
		2017	379.209	608.463	24	5861
专利数量（件）	PA	2013	61.919	87.241	0	904
		2014	80.242	99.838	1	926
		2015	103.623	116.034	1	915
		2016	128.111	137.958	4	992
		2017	156.540	159.137	4	1060
ROE（%）	ROE	2013	6.804	6.187	−19.800	29.513
		2014	7.464	5.676	−8.788	30.388
		2015	6.076	9.093	−86.125	34.456
		2016	6.598	6.778	−29.560	32.209
		2017	5.508	11.241	−70.006	56.291
股权集中度	HERF	2013	33.868	13.393	5.849	68.865
		2014	32.567	13.063	4.964	63.532
		2015	30.945	12.332	4.378	62.5
		2016	28.749	11.628	4.381	60.649
		2017	27.637	11.327	4.383	61.25

5.3.4　估计结果与分析

分别用固定效应和随机效应对模型进行估计，以检验制造企业技术创新能力大小对企业规模发展的影响作用，回归结果如表 5-4 所示，Hausman 检验 p 值为 0.0000，强烈拒绝原假设，认为应该使用固定效应而非随机效应。从固定效应模型的回归结果来看，作者注意到研发投入的估计系数为负值，尽管此前也有研究人员研究表明企业研发投入和技术创新之间并无明显关系或者有负相关性[156, 189]，但是主流研究还是认为研发投入对企业成长有正向影响，因此作者认为不能就这么判定研发投入对企业规模成长有负面影响作用。结合此前有研究人员的研究表明，研发投入可能对企业成长存在倒U形的关系[190, 191]，因此考虑在模型中进一步加入研发投入的平方项进行再次回归分析。

表 5–4 创业板上市的制造企业技术创新与企业规模发展关系回归结果

变量	符号	固定效应模型（FE）	随机效应模型（RE）
研发投入（亿元）	RDIN	–0.220** （–3.82）	–0.120*** （–2.53）
研发人员数量（人）	RDR	0.171* （2.95）	0.117** （2.87）
专利数量（件）	PA	0.043*** （7.69）	0.031*** （8.27）
企业年龄	AGE	0.788*** （3.18）	–0.029 （–0.20）
销售收入（亿元）	SA	0.596*** （39.43）	0.689*** （48.1）
ROE（%）	ROE	0.054 （1.23）	1.561*** （0.1545）
偿债能力	CZNL	–0.082* （–1.59）	–1.509* （–2.40）
股权集中度	HERF	–0.358*** （–5.64）	–0.168*** （–4.38）
地区	REGION	YES	YES
时间	YEAR	YES	YES
_cons	–	19.86***	16.36***
–	–	（5.59）	（11.22）
N	–	1180	1180
R–square	–	0.745	0.791
Hausman 检验	–	47.04***（*p*=0.000）	

注：估计结果由 Stata13.0 计量软件分析得出；*、**、*** 分别表示 10%、5%、1% 水平上通过显著性检验，括号内为 t 检验统计量或 z 检验统计量。

表 5–5 是引入研发投入平方项后的再次回归结果，Hausman 检验结果仍然强烈拒绝原假设，认为应当使用固定效应回归模型，因此选择固定效应模型的分析结果进行分析。固定效应回归模型分析结果显示，引入平方项之后，研发投入平方项（RDIN2）回归系数为负，而研发投入项回归系数为正，表明研发投入和企业市值之间存在倒 U 形关系，研发投入在一定的阈值之前对企业规模的发展有促进作用，但是超过了一定的阈值，研发投入过多会对企业规模的发展产生反向抑制作用。这说明企业研发投入的多少应当与企业的自身发展相适应，如果不顾企业财务状况而盲目进行研发投资，将有可能对企业的发展产生不利影响，此外，研发投入具有一定的风险性，如果研发效率过低或者研究失败，则也有可能对企业的成长产生一定的负面影响作用。另外创业板上市的企业多处于成长时期，本身企业所处的环境风险就较大，而研发活动的风险性也较高，这种情况下如果企业在研发投入方面过于盲目，也会导致企业资金困难，企业规模发展的难度变大。专利数量和研发人员数量对企业市值的回归系数显著为正，这表明专利数量和研发人员数量的增加对企业规模的进一步扩大有正向的积极促进作用。因此整体而言，可以认为企业技术创新能力对企业规模的成长具有正向促进作用。

表 5–5　引入 RDIN2 后企业技术创新与企业规模发展关系的回归结果

变量	符号	固定效应模型（FE）	随机效应模型（RE）
研发投入（亿元）	RDIN	–0.681** （–3.82）	–0.674*** （–4.54）
研发投入的平方项	RDIN2	–0.008*** （–3.06）	–0.009*** （–3.76）
研发人员数量（人）	RDR	0.150** （2.59）	0.091** （2.21）
专利数量（件）	PA	0.043*** （7.75）	0.032*** （8.49）

续表

变量	符号	固定效应模型（FE）	随机效应模型（RE）
企业年龄	AGE	0. 753*** （3.05）	-0. 021 （-0.14）
销售收入（亿元）	SA	0.495*** （39.59）	0.437*** （48.19）
ROE（%）	ROE	-0.068* （-1.55）	-.048 （-1.18）
偿债能力	CZNL	-0.250* （-1.84）	0.659* （-2.65）
股权集中度	HERF	-0.355*** （-5.62）	-0.166*** （-4.36）
地区	REGION	YES	YES
时间	YEAR	YES	YES
_cons	–	21.24***	24.76***
–	–	（6.12）	（11.85）
N	–	1180	1180
R-square	–	0.75	0.794
Hausman 检验	–	46.57***（*p*=0.000）	

注：估计结果由 Stata13.0 计量软件分析得出；*、**、*** 分别表示 10%、5%、1% 水平上通过显著性检验，括号内为 t 检验统计量或 z 检验统计量。

结合上节技术创新与企业成长的 Kaplan-Meier 估计结果，本节通过实证研究的方式肯定了企业技术创新对企业规模成长具有正向影响作用这一理论假设。

5.4 技术创新与企业加速成长的关联性分析

理论的演进是随着时间的推移，不断对此前的理论进行质疑、补充和完善的过程，企业成长理论也是如此。最开始在新古典经济理论框架中，企业仅仅被抽象地认为是在特定环境和条件下的追求利润最大化的生产者，而忽视了企业自身能力的不断完善和经济发展的演进特征[192]。在古典经济学理论之后逐渐产生并发展起来的企业能力理论[32]、资源基础理论[193]、核心能力理论以及企业知识基础理论等[192]都为企业成长理论的演化和发展带来了重大的突破，这些理论把企业看成是具有生产能力的单位，它可以通过自身拥有资源的整合、团队及员工知识和能力的提高、组织架构的逐步完善来求得生存和发展，而不是仅仅简单、被动地受市场调节和支配，即企业可以通过自身的努力和进步来获取生存和发展的机会。企业成长的理论分析自此开始逐渐关注到企业可以通过自身的努力、企业内在能力的提升来获取竞争优势，取得生存和发展的机会。

奥地利经济学家熊彼特在1912年首次提出了“创新”的概念，认为创新是驱动经济增长的重要力量，并且在其创新观点中强调，企业拥有能够独立于外部市场环境条件而主动成长的动能和调整市场结构的能力，企业会为了实现可以获得利润的新发展机会而不断地打破既定惯例，重塑组织结构，形成有利于创新的新局面，从而推进企业的成长。彭罗斯在熊彼特的创新理论观点基础上，开始从企业内部成长因素的角度来研究企业成长过程，她认为企业的成长主要是由企业对内部资源的管理和协调能力决定的，企业内部拥有的资源和能力是决定企业成长的关键[2]。在彭罗斯的企业成长理论以及熊比特的创新理论基础上，在上一小节中，本书已经充分论证了创新能力对企业生存以及规模发展均具有积极的正向作用，肯定了技术创新对于企业成长的重要作用。鉴于Coad等人在其研究中得到的“技术创新对成长速度更快的企业影响作用更大”这一结论[35]，本书进一步提出了企业技术创新能力的差异化可以引起不同企业产生成长性的差异，即“企业技术创新可以助力企业的加速成长”这一理论假设，本小节内容将从实证分析的角度对其进行合理性论证。基本思路是通过对企业的加速成长性进行测度，找到具有加速成长性的企业，并将具有加速成长性的企业和不具备加速成长性的企业分成两大类，分别对这两大类企业的技术创新与企业规模发展之间的关系进行研究。

对于上市企业，市值是衡量其经营状况的关键指标，不仅反映出企业在激烈的资本市场竞争角逐中现阶段的发展状况，也在一定程度上代表着企业未来发展的潜力，是企业内在和外在实力大小的综合表现。本部分主要基于企业成长加速度的概念，对创业板上市的236家制造企业进行市值加速性的测度分析，目的在于对近几年创业板上市企业的市值发展情况进行概括，并为后续研究技术创新与企业加速成长之间的关联性提供分类依据。

基于上节内容提到的“企业成长加速度”，首先选择在创业板上市的制造业236家企业进行“市值加速指数”计算，具体步骤如下。

（1）运用改进后的Brich指数计算观测期内236家企业每年相对于基期（2013年）的市值增长速度，公式如下：

$$V_{it}=（SZ_{it}-SZ_{i1}）（\frac{SZ_{it}}{SZ_{i1}}）/（t-1） \quad （5-6）$$

其中，SZ_{it}代表观测期内第i个企业第t年的市值；SZ_{i1}代表第i个企业基期的市值大小（本书基期为2013年）。

（2）计算236家企业相对于基期（2013年）的市值增长加速度，公式如下：

$$A_{it}=\frac{V_{it}-V_{i(t-n)}}{n}，n=1，2，3，4 \quad （5-7）$$

（3）计算236家企业的市值加速指数。计算方法如下：

为保证不同企业的可比性，将市值增长加速度为最大值的企业加速指数定为$Z_1=100$，按标准化比率（$100/A_1$）乘以其他企业的加速度值得到其余企业的市值加速指数。

经过以上步骤的计算，本书得到236家企业2015年—2017年间三年的市值加速指数排名，通过计算这三年加速度的平均值得到三年平均市值加速指数（指数排名情况见附录A），并运用企业平均市值加速指数的排名情况进行下一步分析，236 家创业板上市企业市值加速指数分布区间情况如图 5-3 所示。经计算所得出的企业市值加速指数中，加速指数大于 0 即具有加速性的企业共有 134 家，加速指数小于 0 即不具备加速性的企业有 102 家。市值加速指数在 0~10 之间的最多，其次是 -1~0 之间，从市值加速指数分布情况来看，创业板上市的不同企业间市值发展速度差别较大，尤其是对于实现了市值加速的企业来说，在市值加速指数大于 0 的企业中，市值加速指数超过 50 的有 2 家，分别是信维通信和中际旭创，市值加速指数在 20~50 之间的只有 3 家，在 10~20 之间的仅有 2 家，而市值加速指数在 0~10 之间的有 127 家。

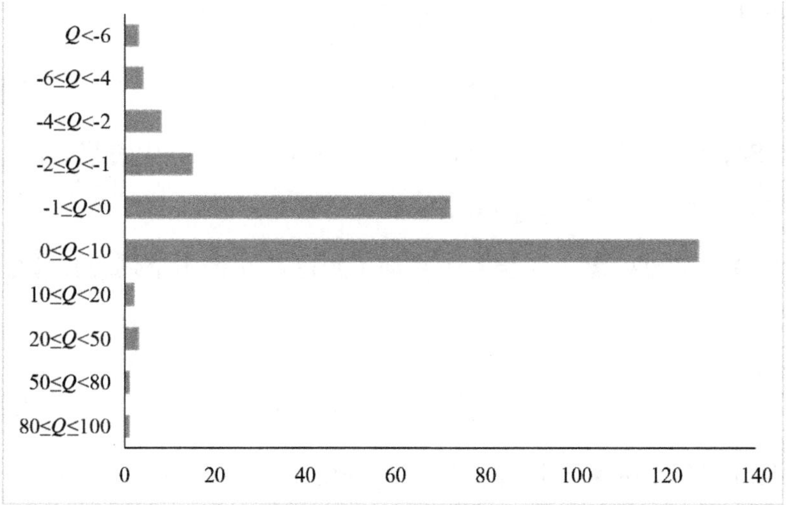

图 5-3　236 家创业板上市企业市值加速指数分布区间情况

为比较市值加速增长型企业和不具备市值加速性的企业间技术创新对企业成长的影响作用是否存在区别，在上一小节研究内容的基础上，本部分将 236 家企业按照是否具有市值加速性分成两类，对这两类企业分别进行短面板固定效应模型回归，以检验技术创新对企业规模发展情况的影响作用是否存在区别，得到的回归结果如表 5-6 所示。

表 5–6 基于企业是否实现市值加速性的分组回归结果

变量	符号	市值加速指数大于 0 企业	市值加速指数小于 0 企业
研发投入（亿元）	RDIN	0.613** （7.12）	–0.19* （–1.19）
研发投入的平方项	RDIN2	–0.036*** （–6.54）	–0.44 （–3.76）
研发人员数量（人）	RDR	0.004* （2.59）	0.010** （4.53）
专利数量（件）	PA	0.049*** （7.75）	0.008 （1.57）
企业年龄	AGE	0. 576*** （1.42）	0. 237 （1.09）
销售收入（亿元）	SA	0.563*** （21.44）	0.534*** （15.04）
ROE（%）	ROE	–0.068 （–2.50）	0.040 （1.03）
偿债能力	CZNL	–0.663* （–0.68）	–1.196 （–2.07）
股权集中度	HERF	–0.262*** （–2.95）	–0.097 （–1.57）
地区	REGION	YES	YES
时间	YEAR	YES	YES
_cons	–	18.556*** （2.57）	16.907*** （11.85）
N	–	670	510
R–square	–	0.788	0.721

注：估计结果由 Stata13.0 计量软件分析得出；*、**、*** 分别表示 10%、5%、1% 水平上通过显著性检验，括号内为 *t* 值。

从固定效应模型回归结果来看，市值加速型企业这一组方程的拟合效果更好一些。在市值加速型企业这组的回归方程中，研发投入平方项和研发投入项的回归结果同样显示企业的研发投入与企业规模发展呈现倒 U 形的关系，专利数量和研发人员的回归系数显著为正，并且方程的拟合优度较分类前的 236 家企业回归模型结果中更大一些。反观市值加速度小于 0 的另外一组企业回归结果，方程的拟合优度偏低，并且专利数量以及研发投入的平方项均不再显著，并且研发投入的回归系数已经在 10% 显著且为负。模型对比结果说明，技术创新对企业规模发展的影响作用分析中，对于那些具有“加速成长性”的企业，技术创新的影响作用更为强烈，即企业技术创新对成长速度比较快的企业驱动作用更大，因此，本书所提出的技术创新能力是企业加速成长的重要驱动力量这一观点具有一定的合理性，在企业加速成长的内涵中应当考虑企业的创新能力。在当今信息时代和经济时代快速发展的背景下，企业之间的竞争再不是单纯的规模竞争，企业所拥有的难以被外界复制和模仿的独特的无形资产以及运用和整合这些无形资产的能力逐渐成为新的竞争优势的重要来源。企业通过研发经费的投入和研发人员的投入不断地获取新的知识，更新知识结构，进而在技术上不断产生新的突破，一旦有了技术的突破或者革新，企业的生产能力便得以提高，生产成本也会随之降低，独有的创新性技术还可以进行专利的申请，在知识产权方面寻求法律的保护。企业被授予相应的知识产权并受到法律保护后，便可在市场上形成一定的技术垄断地位，高额的合法垄断利润便随之而来。有了高额的垄断利润之后，企业的资金成本可以得到回收，便可进行下一轮的技术创新投入和产出，一旦形成良性循环，就形成了难以复制的知识资产，产生了竞争优势的来源，进而促进企业的加速成长，使得企业在行业中占据领先地位。

5.5 本章小结

本章围绕技术创新与企业加速成长的关联性展开了研究，并基于研究结论论证了技术创新是驱动企业加速成长的重要力量之一的理论观点。本章主要研究结论如下。

（1）技术创新与企业成长的 Kaplan–Meier 估计结果表明，高技术产业领域的企业具有比普通制造企业更高的生存概率和更低的危机概率，这初步说明技术创新对企业的生存和发展是保护性因素，技术创新能力的提高有利于企业获得生存和发展的机会。

（2）运用面板数据固定效应和随机效应模型对 236 家企业技术创新与企业规模发展之间的关系进行了回归分析，发现企业研发投入与企业规模发展呈现“倒 U”形关系，企业在进行研发经费投入时要注意研发活动中的风险性。企业研发人员数量和专利数量对企业规模的发展具有显著的正向促进作用，这进一步说明技术创新对企业成长具有积极促进作用。

（3）本章节在第三章“企业加速成长性”以及“企业成长加速度”的基础上计算了 236 家创业板制造企业的市值加速指数，并得到了加速指数排名结果。将市值加速型企业和未实现加速型企业分成两类进行面板数据固定效应分组回归，结果显示，具有市值加速的企业中，技术创新对企业规模发展的正向促进作用更加明显，且模型拟合效果更好，但企业市值加速指数小于 0 的企业中，技术创新对企业规模的影响作用较小，甚至不具有统计学意义上的显著性。因此，本书认为企业提高技术创新能力可以促使企业形成竞争优势，有利于企业实现加速成长。

6　中国高技术产业发展的科技创新驱动效应研究

改革开放30多年以来，中国经济快速发展的主要动因在于低成本劳动力和低成本资源要素的高强度投入，但是在进入高速发展阶段以后，中国在低成本方面的优势逐渐减弱甚至消失，加上国际金融危机之后全球经济的全面调整带来的环境变化冲击，这对中国经济结构的转型提出了强烈需求。党的十八大明确指出，中国未来的发展要靠科技创新驱动，而不是传统的劳动力及资源能源驱动。中国要不断推进自主创新，着力实施创新驱动发展战略，加快形成经济发展新方式。

高技术产业具有知识和技术资源密集、研发投入强度大、创新性强、资源能耗低、附加值高等多方面优势，是国际经济和科技竞争的重要阵地。近年来中国高技术产业发展非常迅速，规模不断扩大，其出口量占制造业出口的比重一直领先于世界其他国家，在国际上占据重要地位，影响力不断提升，高技术产业已成为驱动中国经济增长，促进经济结构转型的重要推动力量。高技术产业在社会经济中的重要地位也促使其成为学术界研究的热点内容之一，近年来有关高技术产业领域的研究大多集中在创新效率评价、创新能力评价以及对国内产业结构升级的影响力等方面，而关于科技创新对高技术产业发展的实际驱动效果则鲜有提及，关于两者关系的量化测度更是亟待深入研究，创新的目的是发展，因而科技创新对发展的驱动效应测度具有重要意义。本书建立起反映高技术产业科技创新水平和产业发展水平的测度指标体系，分别进行科技创新及高技术产业发展分类指数的合成，在此基础上运用向量自回归模型（VAR）对中国高技术产业发展的科技创新实际驱动效应进行了量化测度研究。近几年中国高技术产业出口占制造业出口比重的国际比较如图 6–1 所示。

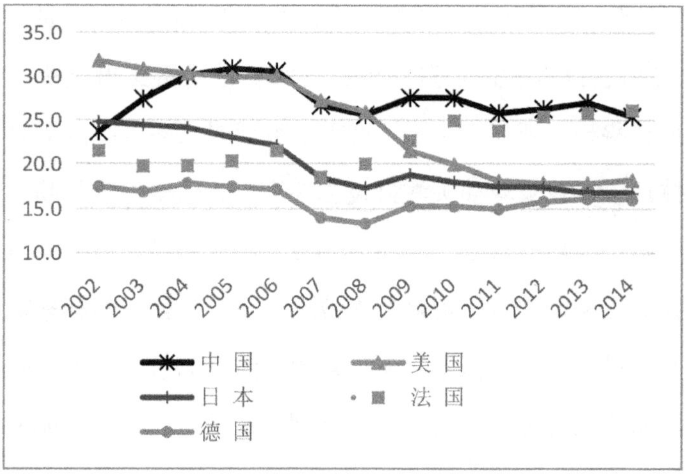

图 6–1 近几年中国高技术产业出口占制造业出口比重的国际比较

6.1 中国高技术产业科技创新及产业发展指数的构建分析

6.1.1 高技术产业科技创新及产业发展指标体系设计

中国高技术产业科技创新指标体系共分为三层，第一层即科技创新综合指数，由各分类指数加权综合合成得出。在科技创新水平的测度上，本书认为区分科技创新投入和产出将更有利于深入分析科技创新从基础投入到实现价值转化的内在规律，从而揭示科技创新对产业发展的实际驱动机制。因此第二层指标按照科技创新的内部结构分为科技创新投入和科技创新产出两个分类指数。第三层为最底层基础指标，通过 8 个指标来具体表征科技创新活动状况。在衡量科技创新投入方面，根据知识经济的特点，我们认为仅用 R&D 投入来衡量科技创新投入水平已经不能适用于高技术产业的发展需求。陈劲和陈钰芬、傅家骥等学者也曾提出企业的技术创新投入还应包括例如技术引进费、技术改造费等非 R&D 投入。综合考虑数据的可获得性和高技术产业的发展特点，本书考虑用 R&D 人员全时当量、R&D 经费支出、技术改造经费支出、技术引进经费支出、新产品开发经费支出来反映科技创新投入水平。此前研究成果大多笼统地对科技创新能力进行整体评价，较少单独关注科技创新产出，值得注意的是，张鑫等人曾在其研究中选择用每百万人发明专利数、新产品销售收入所占比重、每百万科研人员发表论文数、每百万人技术成果交易额等指标来对区域科技创新产出水平进行度量，借鉴其研究经验，结合高技术产业特点及本书研究目的，本书采用高技术产业的年度专利申请数量、有效发明专利数以及新产品销售收入来反映科技创新产出水平。

高技术产业发展指标体系同样分为三层，第一层为产业发展综合指数，该综合指数由第二层产业竞争力水平和产业规模两项分类指数构成，第三层基本指标层面由 5 个具体指标来表征产业发展状况。在产业竞争力水平的衡量方面，张金昌[18]提出了以利润总额来评价产业竞争力的方法，并通过大量实证研究论证了其合理性。封伟毅等人认为，企业不断提高科技创新能力其目的就在于不断提高该企业的市场竞争力，从而赚取更大的收入和利润，利润总额能够综合反映整个产业的竞争优势，因此也选择利润作为衡量高技术产业竞争力的指标进行实证研究。产业竞争力是指一个产业在激烈的市场竞争中能够不断满足市场需求、持续获利的能力，主营业务收入能够反映产业的生产经营情况，体现该产业对市场需求的适应程度，为避免仅用利润指标过于单一而造成测度结果有偏，同时考虑到数据的权威性及易获得性，本书引入能够反映生产经营情况和市场需求状况的主营业务收入以及能够反映产业全部纯收入的利税指标，因此产业竞争力水平本书选择用主营业务收入、利润总额以及利税额的综合合成指数来反映，三种基本指标在统计年鉴中观测期均无数据缺失，保证了测度结果的可信赖性。

产业规模是指一类产业的产出规模或经营规模，可用总产值或产出量表示，但在统计年鉴中高技术产业总产值这一数据 2012 年—2015 年间均未统计，由于数据缺失年份过多，故不宜将其纳入指标体系。高技术产业企业总个数以及从业人员数量可反映出该产业的经营规模，另外，将收入及利润等反映产业竞争力的指标与高技术产业内企业个数、从业人员数等指标区分开来，有助于我们考察高技术产业内部资源分配情况及竞争激烈程度，因而高技术产业规模水平本书选用企业个数和从业人员年均人数和来反映。高技术产业科技创新及产业发展指标体系详见表 6–1。

表 6–1　中国高技术产业科技创新及产业发展指标体系

第一层指标	第二层指标	第三层基本指标	基本指标单位
科技创新水平	科技创新投入	R&D 人员全时当量	万人 / 年
		R&D 经费支出	亿元
		技术改造经费支出	亿元
		技术引进经费支出	亿元
		新产品开发经费支出	亿元
	科技创新产出	专利申请数	件
		有效发明专利数	件
		新产品销售收入	亿元

续表

第一层指标	第二层指标	第三层基本指标	基本指标单位
产业发展水平	产业竞争力	主营业务收入	亿元
		利润总额	亿元
		利税	亿元
		从业人员年均人数	万人
	产业规模	企业个数	个

6.1.2 中国高技术产业科技创新及产业发展指数合成

根据指标数据的一致性、连续性和易获得性的选择原则，本书选取中国高技术产业 1995 年—2015 年间科技创新投入和产业发展相关指标原始数据，运用基于古典循环和增长率循环的合成指数方法对相关指标进行合成，权重的确定采用变异系数法。所有原始数据均来源于《中国统计年鉴》[20]以及《中国高技术产业统计年鉴》[21]。本书把数据正常值设定在之内，采用统计软件进行异常值的处理，利用线性趋势法对存在的缺失值进行预测。

（1）数据的标准化处理

为了消除不同单位量纲带来的影响，本书采用均值标准化的方法对数据进行处理，公式如下：

$$X_i=X_i\ /\ \overline{X}_i,\ i=1995,\ 1996,\ \cdots,\ 2015 \qquad (6\text{-}1)$$

其中，$\overline{X}_i$ 为指标 X_i 的均值。

（2）古典循环法合成指数

① 求单个指标的对称变化率：设指标 $X_{ij}(t)$ 为第 j 个指标组的第 i 个指标，t 为时间，本书 t 为年份，对称变化率计算公式如下：

$$C_{ij}(t)=200\times\frac{X_{ij}(t)-X_{ij}(t-1)}{X_{ij}(t)+X_{ij}(t-1)},\ t=2,\ 3,\ \cdots,\ n \qquad (6\text{-}2)$$

当 $X_{ij}(t)=0$ 或为负值或者为比例序列时，对称变化率取一阶差分：

$$C_{ij}(t)=X_{ij}(t)-X_{ij}(t-1) \tag{6-3}$$

②求指标标准化平均变化率 $S_{ij}(t)$。首先求标准化因子：

$$A_{ij}(t)=\sum_{t=2}^{n}\frac{|C_{ij}(t)|}{n-1} \tag{6-4}$$

其中，n 为标准化期间的时间数。则标准化平均变化率为

$$S_{ij}(t)=\frac{C_{ij}(t)}{A_{ij}(t)},\ t=2,3,\cdots,n \tag{6-5}$$

③计算各指标组的平均变化率 $R_j(t)$：

$$R_j(t)=\sum_{i=1}^{k_j}S_{ij}(t)\,\omega_{ij}/\sum_{i=1}^{k_j}\omega_{ij} \tag{6-6}$$

其中，kj 表示第 j 组，共 k 个指标求和，ω_{ij} 为权数。

④计算合成指数 $I_j(t)$，令 $I_j(1)=100$，则

$$I_j(t)=I_j(t-1)\times\frac{200+R_j(t)}{200-R_j(t)},\ t=2,3,\cdots,n \tag{6-7}$$

（3）增长率循环法合成指数

求单个指标的同比增长率 R_{ij}：

$$R_{ij}=\frac{X_{ij}(t)-X_{ij}(t-1)}{X_{ij}(t-1)}\times100\%,\ t=2,3,\cdots,n \tag{6-8}$$

其余计算步骤同古典循环方法，不再赘述。

（4）指标赋权

运用变异系数法对指标进行赋权，计算步骤如下。

①计算第 i 个指标的变异系数：

$$\mathrm{CV}_i=\sigma_i/u \tag{6-9}$$

$$\sigma_i=\sqrt{\frac{1}{n}\sum_{i=1}^{n}(X_i-u)^2} \tag{6-10}$$

其中，σ_i 为第 i 项指标的标准差；CV_i 为第 i 项指标的变异系数；u 为第 i 项指标的平均值。

②计算第 i 个评价指标的权重：

$$w_i = \mathrm{CV}_i \ / \sum_{i=1}^{n} \mathrm{CV}_i \qquad (6\text{–}11)$$

6.1.3 中国高技术产业科技创新及产业发展指数测算结果分析

（1）基于古典循环的中国高技术产业科技创新和产业发展指数分析

基于古典循环，运用合成指数的方法进行科技创新和产业发展分类指数的合成，1995 年—2015 年间高技术产业科技创新和产业发展分类指数合成结果如图 6–2 和图 6–3 所示。

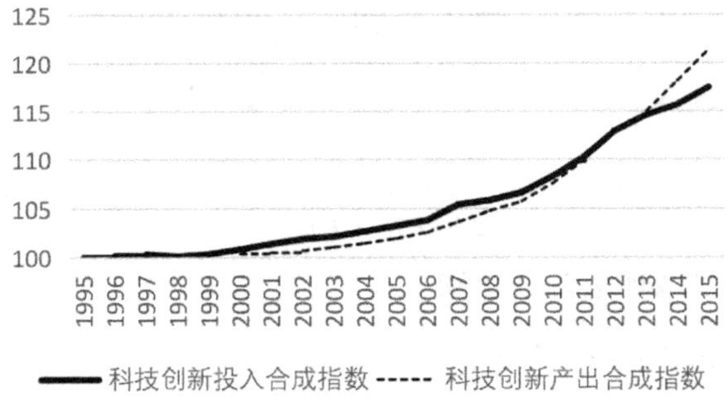

图 6–2　基于古典循环的中国高技术产业科技创新分类指数走势图

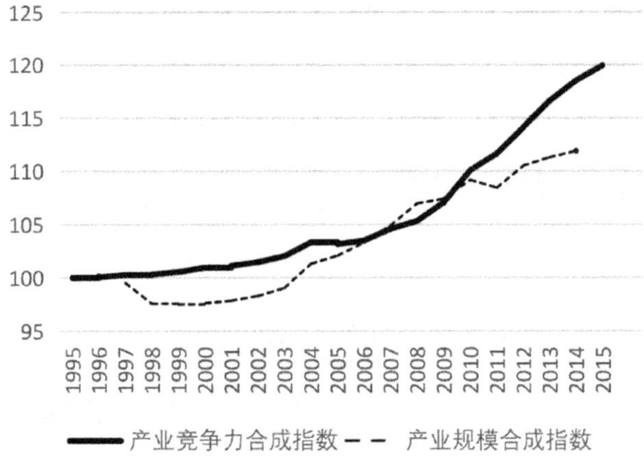

图 6–3　基于古典循环的中国高技术产业发展分类指数走势图

由图 6–2 看出，中国科技创新投入合成指数和科技创新产出合成指数 20 年间均呈现不断增长的态势，1997 年—1998 年间由于受到亚洲金融危机的影响，科技创新投入和科技创新产出指数均呈现出不同程度的小幅下滑，1999 年之后又恢复上升。除此之外，在很长一段时间内，科技创新产出合成指数低于科技创新投入合成指数，但这一差距逐渐缩小，直到 2012 年以后科技创新产出合成指数开始高于投入合成指数，这说明中国高技术产业在初期时科技创新投资效益较为低下，但这一现象逐渐改善，直至目前，科技创新产出效率呈现出持续增长的良好发展态势。

图 6–3 展示了中国高技术产业的发展状况分类指数走势，可以看出中国高技术产业的产业竞争力不断提高，基本保持较稳定的增长态势。从产业规模合成指数来看，1997 年—1998 年间由于金融危机的影响，高技术产业规模出现较大幅度下滑，这表明金融危机造成高技术产业中不少企业面临倒闭，从业人员相应大幅减少，失业率较高，此后 5 年时间内高技术产业规模合成指数仍低于 100，规模发展呈现较为低迷的发展态势，2004 年以后才逐渐恢复增长，高技术产业规模逐渐扩大起来。

（2）基于增长率循环的高技术产业科技创新和产业发展指数分析

为了更好地分析科技创新和高技术产业发展的相对波动情况，本书计算出各指标的同比增长率，进而基于增长率循环进行了科技创新和产业发展的指数合成，合成结果如图 6–4 和图 6–5 所示。

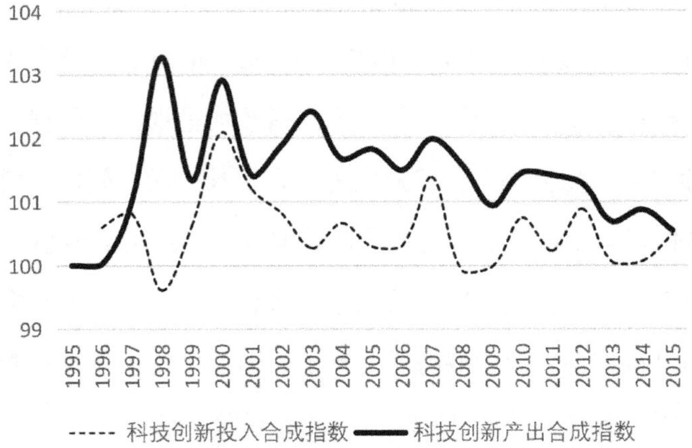

图 6-4　基于增长率循环的中国高技术产业科技创新分类指数走势图

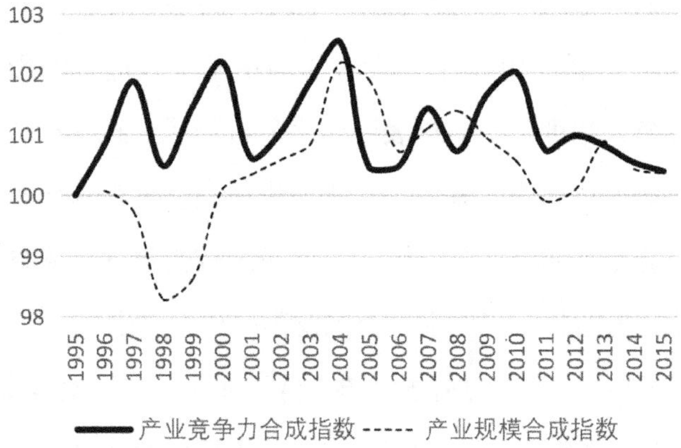

图 6-5　基于增长率循环的中国高技术产业发展分类指数走势图

由图 6-4 看出，中国高技术产业科技创新投入和产出的增长速度均呈现出波动式发展趋势且震荡幅度较大。其中科技创新投入合成指数 1995 年—1997 年间稳步上升，1997 年—1998 年迅速跌落至 100 以下且达到波谷，1998 年之后开始回升，直到 2000 年达到波峰，这是因为 1997 年出现的亚洲金融危机在很大程度上影响了我国高技术产业的科技创新投入，使得指数迅速跌落，金融危机过后经济回暖，加上我国政策的优势利导，使得科技创新投入的增速迎来较大幅度的提升。2000 年—2003 年又出现指数滑坡现象，随后呈波动式上升，至 2007 年又达到小波峰，2008 年由于受到全球金融危机爆发的影响科技创新投入指数又一次发生大幅下降至 100 以下，危机过后出现反弹，继续呈现小幅震荡的波动式发展趋势。而科技创新产出合成指数同样呈现出有震荡幅度的波动式发展态势，但从走势图来看，震荡幅度及波峰波谷的出现相较科技创新投入较为迟缓，基本是科技创新投入延迟一年的反应，这是因为科技创新由投入到产出具有一定的滞后期，这也从侧面说明本书的合成指数测度是合理的。从整体来看，我国 20 年来高技术产业科技创新投入和产出指数除金融危机影响的年份外均保持在 100 以上，这说明中国高技术产业的科技创新活动较为活跃。

由图 6-5 看出，高技术产业竞争力和产业规模合成指数同样呈现出有震荡幅度的波动式发展态势。1997 年—1998 年附近区间内，受亚洲金融危机影响，产业竞争力和产业规模同样均出现大幅震荡，并同于 1998 年到达波谷。但从整理来看，高技术产业规模的发展相较产业竞争力发展受金融危机的影响更为严重，1998 年产业规模指数一度降到 98.28。高技术产业竞争力的发展从整体来看呈现出周期性波动发展趋势，即便是金融危机影响的区间内出现滑坡，波谷处指数也维持在 100 以上的较高水平，这说明我国高技术产业具有较强的盈利能力，竞争力水平较高。

6.2　中国高技术产业发展的科技创新驱动效应测度分析

向量自回归模型（VAR）可以用来估计联合内生变量的动态关系，而不带有任何事先约束条件，此模型在经济领域得到广泛应用，能更好地说明各种解释变量对经济变量的作用，故本书选用 VAR 模型和脉冲响应函数来对中国高技术产业发展的科技创新驱动效应进行测度分析。由于古典循环合成的指数是一个绝对指数，反映的是指标的整体实际变动趋势，而增长率循环合成的指数是一个相对指数，反映的是指标的相对变动趋势，为探讨科技创新对高技术产业发展的实际驱动效应，本书选用基于古典循环算法得出的合成指数进行 VAR 模型的构造。

6.2.1 平稳性检验

构造 VAR 模型之前，为了避免可能出现的虚假回归，需要对数据的平稳性进行检验，本书选择 ADF 来进行检验，为消除数据可能存在的异方差，首先对数据进行对数处理。用统计软件 Eviews8 进行 ADF 检验的结果如表 6–2 所示（其中 *A*1 为科技创新投入合成指数，*A*2 为科技创新产出合成指数，*B*1 为产业竞争力合成指数，*B*2 为产业规模合成指数）。由结果可知，在 10% 的显著水平下，序列 LN*A*1、LN*A*2、LN*B*1、LN*B*2 的统计值均大于临界值，因而接受原假设，认为序列非平稳，进而对序列进行差分处理，可知 LN*A*1、LN*B*1、LN*B*2 一阶差分后平稳，LN*A*2 二阶差分后平稳，因此采用差分处理后的序列进行后续研究。D 表示一阶差分，D2 表示二阶差分，将一阶差分后的数据意义上解释为指标的增量，二阶差分意义上解释为效率的提高，D2LNA2 解释为科技创新产出效率的变化量。

表 6–2　ADF 单位根检验结果

变量	滞后阶数	ADF 值	临界值 1%	临界值 5%	临界值 10%	检验结果
LN*A*1	0	–0.216690	–4.498307	–3.658446	–3.268973	不平稳
DLN*A*1	0	–3.405102	–4.532598	–3.673616	–3.277364	平稳
LN*A*2	3	2.955602	–4.616209	–3.710482	–3.297799	不平稳
DLN*A*2	3	–0.340232	–4.667883	–3.733200	–3.310349	不平稳
D2LN*A*2	0	–6.807924	–4.571559	–3.690814	–3.286909	平稳

续表

变量	滞后阶数	ADF 值	临界值 1%	临界值 5%	临界值 10%	检验结果
LN*B*1	0	–0.294574	–4.498307	–3.658446	–3.268973	不平稳
DLN*B*1	0	–3.285829	–4.532598	–3.673616	–3.277364	平稳
LN*B*2	3	–2.529318	–4.498307	–3.658446	–3.268973	不平稳
DLN*B*2	0	–3.716229	–4.532598	–3.673616	–3.277364	平稳

注：D 表示对变量进行一阶差分，D2 表示二阶差分。

采用多种定阶方法进行筛选以确定 VAR 模型的滞后阶数，结果显示，四项评价指标（FPE、AIC、SC、HQ）都认为应当选择滞后期为 2，于是本书采用滞后期为 2 的 VAR（2）模型。

在构建的 VAR（2）模型中检验模型的稳定性，由 Eviews8 得出两个模型的单位根检验图，如图 6–6 所示，所有单位根都在单位圆内，可知被估计的两个模型都是收敛稳定的，所选取的变量之间存在长期稳定关系，可以进行下一步的脉冲响应函数分析和方差分解。

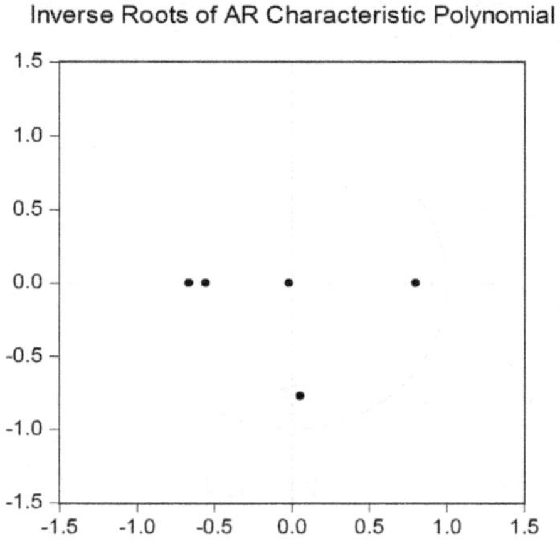

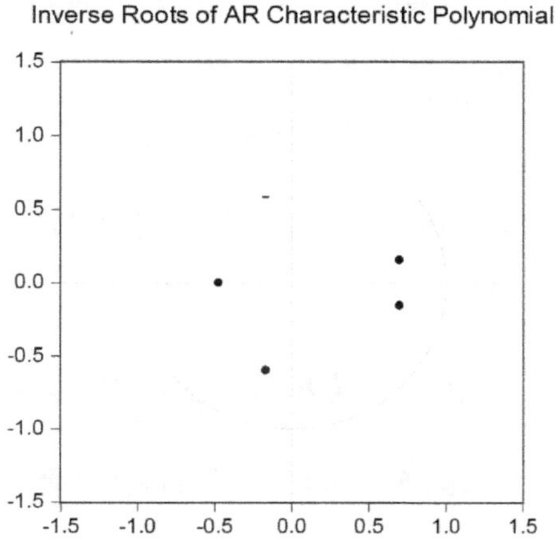

图 6–6 VAR 模型单位根检验图

6.2.2 脉冲响应函数分析

使用广义 VAR 模型的脉冲响应函数来分析科技创新和高技术产业发

展相互之间的冲击相应幅度，用滞后期为 10 的脉冲响应模型来刻画科技创新和产业发展各分类指数长期和短期的动态关系，得到图 6–7 和图 6–8 所示的脉冲响应图。

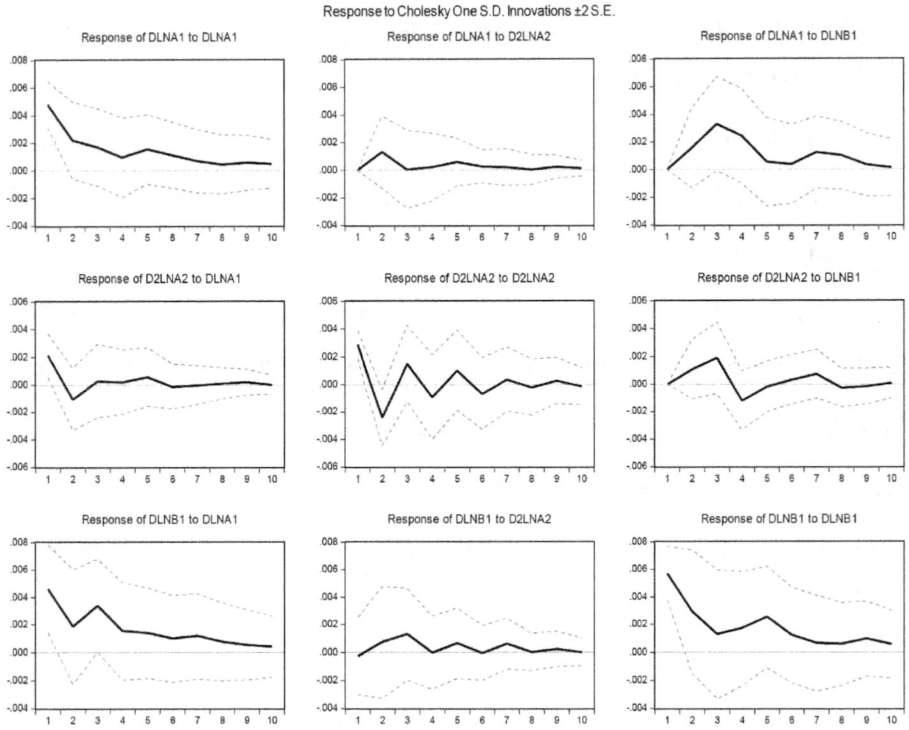

图 6–7　脉冲响应图（1）

6.2.2.1　高技术产业科技创新投入、科技创新产出与产业竞争力

从图 6–7 看出，当给科技创新投入的增长一个正向冲击后，其对自身造成正向冲击，冲击效应逐渐减小，到第 8 期之后趋于稳定，这说明增加科技创新投入数量在初期可以维持科技创新水平，但想长期维持科技创新的活跃程度只靠提高投入数量是不够的。科技创新投入的增加对科技创新产出先是造成正向冲击，进而下降，达到最低点负向影响之后再回升至水

平线附近，在第6期后影响基本消失，这提醒我们应当注重科技创新转化效率，合理进行投资，避免盲目。科技创新投入的增长对高技术产业竞争力的提升具有较明显的正向促进作用，这种促进作用先减弱后提高又减弱最后趋于稳定，这表明提高科技创新投入有助于高技术产业形成较高的产业竞争力水平。

当给科技创新产出的增长率本期一个正向冲击后，对其自身的扰动在前7期都不太稳定，呈现出波动性，而对科技创新投入的当期影响为0，随后呈上升趋势，前几期基本是正向冲击，在第7期之后影响逐渐消失，这说明科技创新产出效率的提高会对科技创新投入产生引致需求，而科技创新效率的提高对高技术产业竞争力具有正向扰动作用，在第8期之后才逐渐消失，即提高科技创新产出效率有助于高技术产业提高自身竞争力水平。

当给高技术产业竞争力水平一个正向冲击后，其对自身的扰动前几期呈现先下降后上升的U形趋势，第7期以后逐渐稳定，整体来看对自身具有正向的影响作用。高技术产业竞争力水平对科技创新产出效率的扰动在前几期先上升后下降至最低点再上升然后趋于稳定，影响逐渐消失，其对科技创新投入的增长在当期的冲击为0，而后逐渐上升至最高点再下降，在6期以后逐渐趋于稳定，最后一期影响消失，两者之间整体呈倒U形关系。

6.2.2.2 高技术产业科技创新投入、科技创新产出与产业规模

从图6-8可以看出，当给科技创新投入增长和科技创新产出效率一个正向冲击后，对高技术产业规模的冲击影响作用基本类似，均在当期表现稍稍为负，随后上升到正值，继而下降，之后一直维持在水平轴附近或者

为负，这说明较高的科技创新投入增长可能是由于较少的高技术企业产生的，我国高技术产业中存在资源分配不均、各企业创新活跃程度参差不齐的现象，也侧面反映出高技术产业的竞争较激烈。

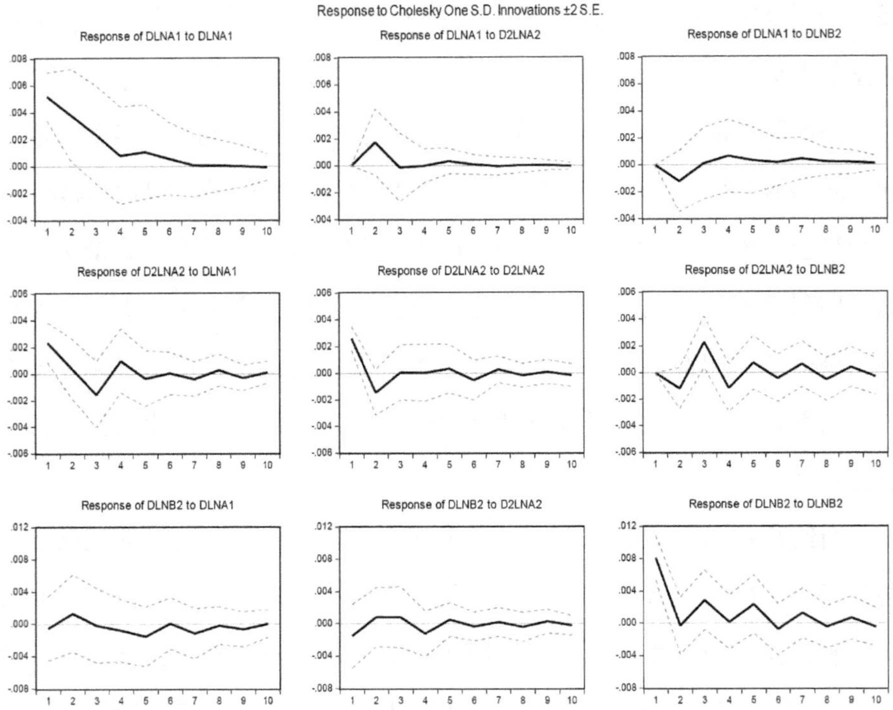

图 6–8　脉冲响应图（2）

当给高技术产业规模一个正向冲击时，其对自身的扰动呈现出不太稳定的波动性趋势，这种波动性与经济周期和政策有关。高技术产业规模的增加对科技创新投入的影响在当期为 0，随后呈现出先下降后上升然后趋于稳定的 U 形关系。高技术产业规模对科技创新产出效率的影响在当期为 0，继而下降为负，后又迅速上升至正值的最高峰，随后呈不稳定的波动趋势但影响幅度逐渐变小，这表明高技术产业规模的变动对科技创新产出效率具有一定的刺激作用。

6.2.3 方差分解

方差分解是通过变量的均方误差百分比来分析影响内生变量结构冲击的贡献度的分析方法，可以用来描述冲击在不同变量动态变化中的相对重要程度。本书利用估计出的VAR模型进行方差分解，以此描述冲击在科技创新投入、科技创新产出及产业竞争力和产业规模动态相互关系中的影响强度和影响幅度，统计软件Eviews8输出的结果如图6-9和表6-3所示。

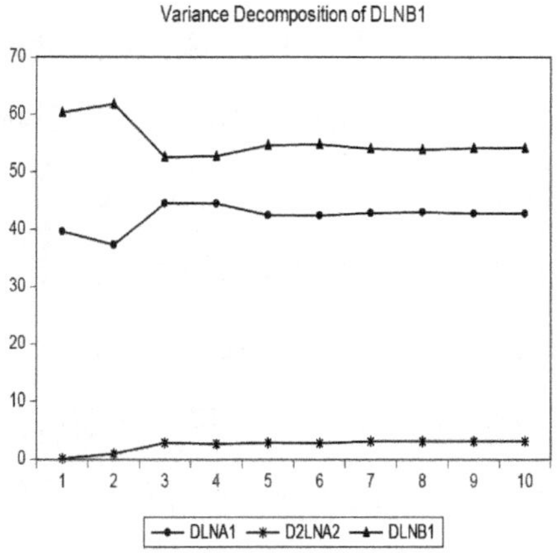

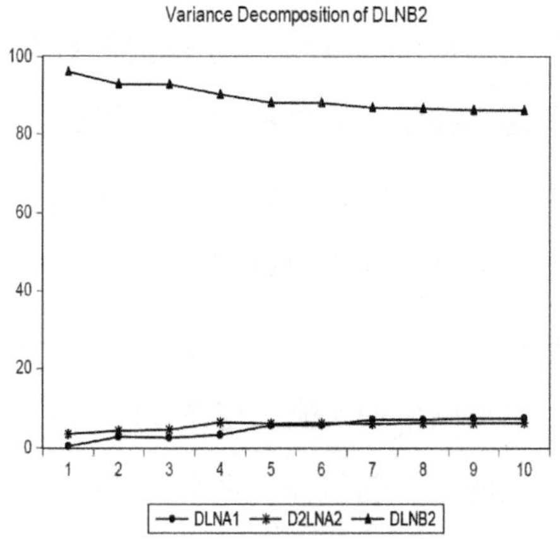

图6-9 高技术产业竞争力及产业规模的方差分解曲线

表6-3 方差分解表

期数	DLN*B*1			DLN*B*2		
	DLN*A*1	D2LN*A*2	DLN*B*1	DLN*A*1	D2LN*A*2	DLN*B*2
1	39.61987	0.127342	60.25279	0.421863	3.506886	96.07125
2	37.30853	0.931674	61.75980	2.815624	4.326596	92.85778
3	44.60667	2.851645	52.54169	2.550595	4.619502	92.82990
4	44.59268	2.676392	52.73093	3.306378	6.492089	90.20153
5	42.51334	2.880731	54.60593	5.782602	6.156364	88.06103
6	42.43688	2.808665	54.75445	5.739703	6.265359	87.99494
7	42.89601	3.120381	53.98361	7.119082	6.095810	86.78511
8	43.07186	3.091479	53.83667	7.131660	6.270532	86.59781
9	42.81594	3.109602	54.07446	7.543724	6.276389	86.17989
10	42.77800	3.094276	54.12772	7.519051	6.326986	86.15396

从方差分解结果来看，产业竞争力水平、科技创新投入水平和科技创新产出效率水平对高技术产业竞争力均具有影响作用，从方差贡献率来看，产业竞争力水平对来自自身的因素冲击感应最为明显，前两期在60%左右，接着下降，第3期以后维持在43%左右。科技创新投入水平和科技创新效率水平对高技术产业竞争力的贡献作用前几期均缓慢提升，在第3期基本达到最大值并稳定下来，这说明科技创新活动对高技术产业竞争力发展的影响作用存在大约3期的滞后效应，其中科技创新产出效率的贡献率最大值大约在3%，远远小于科技创新投入水平的最大值44.5%，这从侧面说明我国高技术产业科技创新产出数量虽逐年提升，但质量并不高，自主创新力还较为薄弱，产业竞争力的提升仍然是靠大量的创新资金投入来带动的。

科技创新产出效率对高技术产业规模的贡献率在前5期均大于科技创新投入水平，两者均在第5期左右达到贡献率的最大值，其中，科技创新产出贡献率最大值稳定在6%左右，科技创新投入最大值稳定在7%左右。这说明科技创新投入水平和科技创新产出效率对高技术产业规模的影响作用存在大约5期的滞后效应。整体来看，科技创新行为对高技术产业规模的驱动作用强度远远小于其对产业竞争力的驱动作用，这说明较高的产业竞争力水平是由较少的高技术企业带来的，映射出我国高技术产业资源分配不均，发展参差不齐，竞争较为激烈的现象。

6.3 研究结论与启示

本书基于古典循环和增长率循环构建了中国高技术产业科技创新和产业发展的分类合成指数，对1995年—2015年间中国高技术产业科技创新和产业发展情况进行了分析。在此基础上运用VAR模型、脉冲响应函数及方差分解的方法对中国高技术产业发展的科技创新驱动效应进行了测度研究，得出如下主要结论和启示。

（1）1995 年—2015 年间中国高技术产业科技创新指数和产业发展呈现不断增长的良好发展态势，但增长幅度不尽相同，相对合成指数呈现出波动性发展趋势，其中高技术产业规模相较产业竞争力水平受金融危机及其他外在环境因素的影响更大。

（2）中国高技术产业科技创新活动一直较为活跃，且科技创新投入水平和科技创新产出效率对产业竞争力具有积极的正向促进作用，但从方差分析结果来看，科技创新投入水平的影响作用明显大于科技创新产出效率，这从侧面表明我国高技术产业科技创新产出数量虽然逐渐提高，但产出质量仍然较低，自主创新能力还较为薄弱，更多的是学习和引进国外技术的模仿式创新，目前高技术产业竞争力的提升仍然是靠大量的资源投入来带动，创新驱动发展的经济转型尚未完全实现。

（3）脉冲响应分析显示高技术产业科技创新投入和科技创新产出效率对产业规模的冲击力相比产业竞争力较弱，甚至偶尔会出现冲击力为负值的情况。这表明我国高技术产业中较高的科技创新投入和产出增长可能是由于较少的高技术企业产生的，高技术产业存在资源分配不均，企业创新力参差不齐，且竞争较为激烈。

（4）高技术产业规模对科技创新活跃程度存在波动性刺激作用，这与经济环境和政策环境的周期波动性有关，高技术产业竞争力水平对科技创新活跃度的影响作用整体呈现倒 U 字形关系，即竞争力水平较弱的时期，中国高技术产业会通过更多科技创新活动来促进产业竞争力的提升，当产业竞争力达到较高水平，科技创新活跃程度会相对减小，而科技创新产出效率的提高会带动科技创新投入的增长，这说明科技创新产出对投入会产生引致需求。

针对以上结论，中国政府应当明确高技术产业在创新驱动发展战略实施中的主要地位，积极在高技术产业领域创建更加活跃的自主创新环境，发挥市场激励创新的根本性作用，营造开放透明的市场环境及激励创新的公平竞争氛围，建立起包容式创新机制，让企业不怕失败，敢于创新，勇于创新，推动形成深度融合的开放式自主创新格局，以期加快推进实现创新驱动发展的战略目标。

受限于理论水平及数据获取难度，本书还存在一定不足之处，例如在评价指标的选择上可能不尽完善；暂仅就高技术产业做出分析，未与其他产业进行对比以突出高技术产业在创新中的主体地位等，这些不足将在以后的研究中逐渐展开完善。

第四篇 企业加速成长如何测度与评价？

7 基于 SQI 模型的企业加速成长性测度研究

7 基于SQI模型的企业加速成长性测度研究

企业成长的评价问题一直是企业成长领域理论和实践的共同研究热点。对企业成长状况进行评估和排名，有助于企业掌握自身在成长过程中出现的问题，以及与其他企业存在的差距，正所谓知己知彼方能百战不殆。对企业成长状况进行合理的测度评价更有助于政府政策制定者明晰中国企业发展存在的问题，为进一步提高企业以及产业的发展制定相应的合理有效政策提供理论依据。此前关于企业成长性评价问题的研究存在以下不足之处。①企业成长的评价多以企业规模的大小来衡量，评价指标一般包括企业营业收入的增长或者企业员工数量的增加等。但是企业成长是一个动态的复杂过程，不仅包括类似企业规模这种量的增加，同时还应包括企业内在素质的提升，以及成长质量的优劣等内涵式的成长状态，尤其在当今知识经济时代的背景下，企业简单的规模扩张已经不能全面反映出企业的成长能力，因此在评价指标方面需要进一步完善。②此前关于企业成长的评价多以某年的成长指标或者近三年的平均指标来衡量，只能反映出企业在当时某一刻的成长状态，并不能反映出企业未来的发展潜力，因此找到合理的测度指标和测度方法，能够对企业未来的发展潜力进行评估，将有助于企业成长性评价问题在理论和实践上进一步拓展。

鉴于以上分析以及本书第三章的企业加速成长理论基础部分的相关研究内容，本章从企业加速成长的测度指标、企业加速成长的测度方法等角度出发对企业加速成长性的测度问题展开了相关实证研究，并给出了创业板上市的236家制造企业的实证测度结果及分析。

7.1 企业加速成长三维测度指标体系的构建

目前对企业成长性的测度标准主要集中在财务成长方面，特别是规模指标[194–197]，一般会选择营业收入或者员工数量等反映企业的指标来进行测度。但是这种衡量标准只注重企业在体量上的扩大，而不能关注到企业质的提升。然而企业是一个复杂的有机组织，企业的成长具有复杂性和动态性的特征，仅以规模上的扩张来反映企业的成长问题显然不够完善，因此构建一套系统的、科学的企业加速成长的测度指标体系，是本书研究测度企业加速成长性的必要前提。

根据前文所述，企业加速成长的内涵包括企业规模、企业质量以及企业创新能力三个构成要素在时间上的动态变化趋势。因此本书认为在构建企业加速成长性的测度指标体系时，应当考虑三个大的方面，分别是企业规模的扩张、企业质量的提高以及企业创新能力的增强。为使指标体系科学化、规范化、合理化，在构建适宜的企业加速成长测度指标体系时，应当遵循以下几种原则。

7.1.1 系统性原则

各指标之间要有一定的逻辑关系，它们不但要从不同的侧面反映出企业成长量的扩张、质的提升以及成长潜力的增强三个方面的主要特征和状态，而且还要反映出量变、质变和潜力的提升三个方面之间的内在联系。每一个子系统由一组指标构成，各指标之间相互独立，又彼此联系，共同构成一个有机统一体。指标体系的构建应当层次分明，自上而下，从宏观到微观层层深入，形成一个不可分割的评价体系。

7.1.2 典型性原则

所选取的评价指标应具有一定的典型代表性，尽可能准确反映出企业加速成长的综合特征，即使在减少指标数量的情况下，也要便于数据计算和提高结果的可靠性。另外，评价指标体系的设置、权重在各指标间的分配及评价标准的划分都应该与企业加速成长的评价目的相适应。

7.1.3 动态性原则

企业加速成长这一问题属于动态问题，需要通过一定时间尺度的指标才能反映出来。因此，指标的选择要充分考虑到企业成长的动态性变化特点，应该收集具有一定时间跨度的变化数值。

7.1.4 简明科学性原则

各指标体系的设计及评价指标的选择必须以科学性为原则，能客观真实地反映企业加速成长特点和状况，能客观全面反映出各指标之间的真实关系。各评价指标应该具有典型代表性，不能过多过细，使指标过于烦琐、相互重叠，避免指标信息遗漏及出现错误、不真实现象，并且数据易获且计算方法应当简明易懂。

7.1.5 可比较、可量化原则

指标选择上，特别注意在总体范围内的一致性，指标体系的构建是为明确企业的发展状况而制定的，指标选取的计算量度和计算方法必须一致统一，各指标尽量简单明了、微观性强、便于收集，各指标还应该要具有很强的现实可操作性和可比性。而且，选择指标时一定要考虑能进行定量处理，以便于进行科学的数学计算和分析。

7.1.6 综合性原则

规模的扩张、质量的提升以及成长潜力的增强是企业成长的最终目标，也是综合评价的重点。在相应的评价层次上，应全面考虑能够反映规模、质量和成长潜力的指标，并进行综合分析和评价。

综合考虑以上指标体系构建的原则，以及数据的可获得性和易操作性等多方面因素，本书认为企业加速成长性测度指标构建中有三个维度需要考虑，它们分别为企业规模（scale）扩张维度、企业质量（quality）发展维度以及企业创新能力（innovation）提升维度，本书称之为SQI三维测度模型体系[198]。建立SQI分析量化模型后，在不同的维度上进行具体指标体系设计，并找到科学反映相关维度的因素和易于量化的指标进行企业加速成长性测度，企业加速成长的SQI模型三维示意图如图7-1所示。

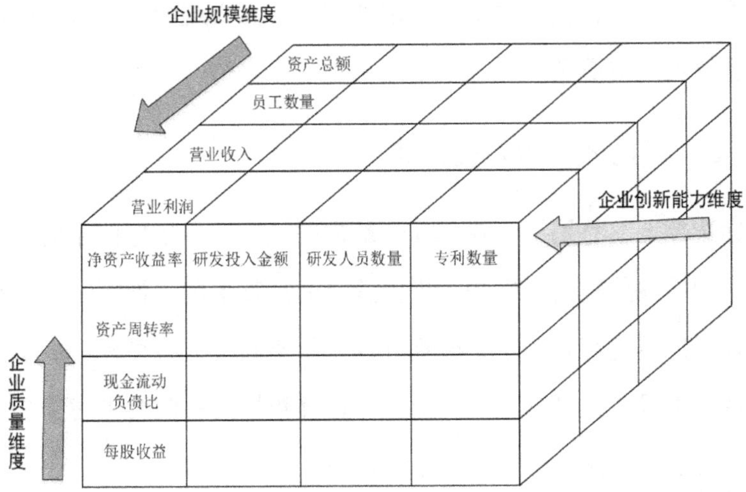

图 7-1 企业加速成长的 SQI 模型三维示意图

（1）维度一：企业加速成长的规模扩张维度（scale）

在企业的加速成长中，一个不可忽视的也比较直观的表现形式就是企业的规模，这是目前学者们长期以来测度企业成长的主要维度——基于规模测度。本书基于以往文献研究内容及企业规模扩张的外在表现形式，选取资产总额、员工数量、营业收入、营业利润这四项指标来对企业加速成长的规模维度进行测度研究。

（2）维度二：企业加速成长的质量发展维度（quality）

在现代企业制度中，反映企业发展质量的认证制度，特别是国际通用的“质量管理和质量保证”系列标准，是对企业成长质量的测度，本书引入企业加速成长的质量维度，将弥补企业基于规模成长测度的不足，增加新的测度维度——基于企业发展质量的测度。企业的质量提升实际上应当包括企业内部组织结构的优化、经营管理水平的提升、员工价值创造性的增强、企业文化的发展等等诸多方面，但基于可量化可测度的角度考虑，本书选用企业的盈利能力、营运能力、偿债能力以及每股收益这四个方面来对企业的质量发展进行定量的测度，尽管可能不尽全面，但这四个方面的内涵对企业的成长至关重要，也在一定程度上反映了企业质量的发展状况。本书选取的基于质量维度测度的代表性具体指标主要有净资产收益率、现金流动负债比、资产周转率、每股收益四项，其中每股收益和净资产收益率代表着企业的盈利能力，现金流动负债比可以反映出企业的偿债能力，资产周转率可以反映出企业的营运能力。

（3）维度三：企业加速成长的创新能力提升维度（innovation）

进入 21 世纪，创新能力成为企业可持续发展的关键影响因素，对企业创新能力的测度，目前国际上已有较为成熟的指标体系，最著名的有 OECD 制定的《Frascati 手册》《Oslo 创新手册》，特别是美国 *Fast Company* 杂志等国际著名机构每年公布的全球 50 大最具创新力企业排名指标，在工商管理界具有越来越重要的影响。企业创新能力的增强虽然不会立刻实现收益，却可以为企业未来的发展注入活力，凸显企业的潜在成长力量。在本书第四部分的分析和论证中，也充分肯定了技术创新在制造企业加速成长中的重要作用，因此在测度过程中引入企业加速成长的创新能力维度，用以测度企业的潜在成长能力。创新维度的引入弥补了长期以来对企业成长主要基于静态发展观、绩效观测度的缺陷，增加了对企业加速成长基于能力、动态性、可持续性测度的科学性。企业的创新能力实际上不仅包括技术创新，还有商业模式创新、组织创新等内容，但由于本书重点研究制造企业，对于制造企业来讲，最为核心的创新便是技术创新，因此本书重点关注技术创新。然而受限于我国上市企业技术创新行为的数据获取难度，本书选取的基于创新维度测度的指标主要包括专利数量、研发投入数量、研发人员数量这三项。在研发投入和研发人员的投入方面，已有不少研究人员选择使用研发投入占营业收入的比重、研发人员占员工数量的比重作为创新投入的指标。但本书认为，选用比率的形式是代表了企业对研发活动的重视程度和投入力度，并且对于较大规模或者研发效率较高的企业来说，仅投入营业收入的一小部分便可以产生比其他小企业更加有效的回报。因此本书认为在对企业的研发实力进行测度时，研发投入的绝对数量能够反映出一个企业所拥有的研发实力，在测度企业的创新能力这一维度时，本部分选用的是研发投入金额和研发人员的绝对 数量。

7.2 基于 SQI 模型的企业加速成长指数构建

本书企业加速成长指数的构建主要包括以下几个步骤：三维度综合评价指数的合成、企业成长速度的计算、企业成长加速度的计算以及加速成长指数的计算。

7.2.1 三维度综合评价指数的构建

企业规模维度、企业质量维度、企业创新能力维度三维度各维度综合指数的合成，首先需要确定各指标的权重大小，本部分选用熵权法进行各指标权重的确定，熵权法的基本思路是根据指标变异性的大小来确定客观权重。

一般来说，某个指标的信息熵越小，表明指标的变异程度越大，提供的信息量越多，在综合评价中所能起到的作用也越大，其权重也就越大。相反，某个指标的信息熵越大，表明指标的变异程度越小，提供的信息量也越少，在综合评价中所起到的作用也越小，其权重也就越小。运用熵权法对指标进行赋权的步骤如下。

（1）数据标准化

将各个指标的数据进行标准化处理。假设给定了 k 个指标 X_1，X_2，X_3，…，X_k，其中 $X_i=\{X_1, X_2, X_3, \cdots, X_n\}$，假设对各指标数据标准化后的值为 Y_1，Y_2，Y_3，…，Y_k，那么：

$$Y_{ij}=\frac{X_{ij}-\min(X_i)}{\max(X_i)-\min(X_i)} \tag{7-1}$$

式中：X_{ij} 代表第 j 组的第 i 个指标。

（2）求各指标的信息熵

根据信息论中信息熵的定义，一组数据的信息熵为

$$E_j=-\ln(n)^{-1}\sum_{i=1}^{n}p_{ij}\ln p_{ij} \tag{7-2}$$

式中：$p_{ij}=Y_{ij}/\sum_{i=1}^{n}Y_i$，若 $p_{ij}=0$，则定义 $\lim_{p_{ij}\to 0}p_{ij}\ln p_{ij}=0$。

（3）确定各指标权重

根据信息熵的计算公式，计算出各个指标的信息熵为 E_1，E_2，E_3，…，E_k，通过信息熵计算各指标的权重：

$$W_i=\frac{1-E_i}{k-\sum_{i=1}^{n}E_i},\ i=1, 2, 3, \cdots, k \tag{7-3}$$

确定好权重之后，按照如下公式合成各维度总指数，设 $Z_l(S)$、$Z_l(Q)$、$Z_l(I)$ 分别为第 l 个企业规模（S）、质量（Q）和创新能力（I）的综合评价指数，则

$$Z_l(S)=\sum_{i=1}^{n}W_i(S)\cdot X_i,\ i=1, 2, \cdots, n \tag{7-4}$$

$$Z_l(Q)=\sum_{i=1}^{n}W_i(Q)\cdot X_i,\ i=1, 2, \cdots, n \tag{7-5}$$

$$Z_l(I)=\sum_{i=1}^{n}W_i(I)\cdot X_i,\ i=1,2,\cdots,n \tag{7-6}$$

式中：X_i 为各个维度下的指标数值；$W_i(S)$、$W_i(Q)$、$W_i(I)$ 分别为经熵权法计算得来的企业规模、企业质量、企业创新能力各维度下第 i 个指标的权重。

7.2.2 基于 SQI 模型的企业成长加速度计算

根据前文企业成长加速度的定义，企业成长加速度的计算步骤如下。

（1）计算 SQI 模型各维度的平均成长速度，设 $V_l(S)$、$V_l(Q)$、$V_l(I)$ 分别为第 t 年第 l 个企业规模维度、企业质量维度以及企业创新能力维度的成长速度，则计算公式如下：

$$V_{lt}(S)=[Z_{lt}(S)-Z_{l1}(S)]\cdot\left[\frac{Z_{lt}(S)}{Z_{l1}(S)}\right]/(t-1) \tag{7-7}$$

$$V_{lt}(Q)=[Z_{lt}(Q)-Z_{l1}(Q)]\cdot\left[\frac{Z_{lt}(Q)}{Z_{l1}(Q)}\right]/(t-1) \tag{7-8}$$

$$V_{lt}(I)=[Z_{lt}(I)-Z_{l1}(I)]\cdot\left[\frac{Z_{lt}(I)}{Z_{l1}(I)}\right]/(t-1) \tag{7-9}$$

式中：$Z_{lt}(S)$、$Z_{lt}(Q)$、$Z_{lt}(I)$ 分别为观测期内第 l 个企业第 t 年的企业规模、企业质量和企业创新能力综合指数；$Z_{l1}(S)$、$Z_{l1}(Q)$、$V_{l1}(I)$ 分别为观测期内第 l 个企业第 1 年（基期）的企业规模、企业质量和企业创新能力综合指数。

（2）计算 SQI 模型各维度的成长加速度。设 $A_{lt}(S)$、$A_{lt}(Q)$、$A_{lt}(I)$ 分别为第 l 个企业第 t 年的企业规模成长加速度、企业质量加速度、企业创新能力加速度，则

$$A_{lt}(S)=\frac{V_{lt}(S)-V_{l(t-n)}(S)}{n},\ n=1,2,3,\cdots,t-1 \tag{7-10}$$

$$A_{lt}(Q)=\frac{V_{lt}(Q)-V_{l(t-n)}(Q)}{n},\ n=1,2,3,\cdots,t-1 \qquad (7-11)$$

$$A_{lt}(I)=\frac{V_{lt}(I)-V_{l(t-n)}(I)}{n},\ n=1,2,3,\cdots,t-1 \qquad (7-12)$$

式中：$V_{lt}(S)$、$V_{lt}(Q)$、$V_{lt}(I)$ 分别为观测期内第 l 个企业第 t 年的企业规模、企业质量和企业创新能力成长速度。

7.2.3 加速成长指数的合成

（1）分维度加速成长指数的合成

为保证不同企业的可比性，将每个维度企业成长加速度为最大值的企业加速指数定为 $Z_1=100$，按标准化比率乘以其他企业的加速度值得到其余企业的各维度加速成长指数。具体计算公式如下：

$$Z_{lt}(S)=100/A_{1t}(S)\times A_{lt}(S) \qquad (7-13)$$

$$Z_{lt}(Q)=100/A_{1t}(Q)\times A_{lt}(Q) \qquad (7-14)$$

$$Z_{lt}(I)=100/A_{1t}(I)\times A_{lt}(I) \qquad (7-15)$$

式中：$Z_{lt}(S)$、$Z_{lt}(Q)$、$Z_{lt}(I)$ 分别代表第 t 年第 l 个企业的企业规模、企业质量和企业创新能力加速成长指数；$A_{1t}(S)$、$A_{1t}(Q)$、$A_{1t}(I)$ 分别代表第 t 各维度加速度为最大值的企业对应的加速度大小。

（2）企业综合加速成长指数

在各分维度企业加速成长指数的基础上，进一步通过加权的方式将三个维度的加速指数合成综合加速成长指数，以得出企业综合加速成长指数的排名。本书选用变异系数法进行权重的确定。即先求各项指标的变异系数：

$$V_i=\frac{\sigma_i}{\overline{X}_i},\ i=1,2,3,\cdots,n \qquad (7-16)$$

式中：V_i 为第 i 项指标的变异系数；σ_i 为第 i 项指标的标准差；$\overline{X}_i$ 为第 i

项指标的平均值。

各项指标的权重大小为

$$W_i=\frac{V_i}{\sum_{i=1}^{n}V_i} \tag{7-17}$$

7.3 基于 SQI 模型的制造企业加速成长性评价实证研究

7.3.1 样本选取及数据采集

创业板的上市主体是具有高成长潜力的创新型中小企业，创业板是一种前瞻性的市场，关键看公司是否有发展前景和高成长性。从企业成长的生命周期角度来考虑，大部分创业板上市公司已经度过了萌芽期，进入了具有高增长性的成长初期。创新型中小企业在推动我国国民经济发展及维持社会稳定方面扮演着非常重要的角色，在经济发展、结构调整及创新型国家建设方面都起着重要的作用，所以选择创业板上市公司作为企业加速成长性的研究对象具有非常重要的价值。如前文所述，由于证监会 2013 年开始强制上市公司披露研发情况，在此之前很多数据不齐全，也不够客观，为保证结果的准确性，本书选取 2013 年—2017 年五年间在创业板上市的制造企业进行研究。样本企业满足以下条件：2013 年—2017 年间企业各年报披露信息完整，期间无 ST 或者停牌现象，且企业所属行业为制造业。经过筛选，共有 236 家制造业进入研究范畴。

对于指标体系的构建，首先需要获取 SQI 模型三个维度下每项指标的原始数据，通过熵权法求取权重来分别加权合成各维度的综合评价指数，最终求得各分项维度的成长速度、加速度以及分维度加速成长指数和总加速成长指数。本书从创业板上市的制造企业各年报中选择从2013年到2017年五年期间各原始数据指标比较齐全的236家企业进行统计与计算。由于涉及的样本个数比较多，本书篇幅有限，所以每个企业具体计算过程省略，仅将计算方法及计算结果予以展示。

7.3.2 基于SQI模型的企业综合评价指数合成

计算过程中将创业板上市的236家企业2013年—2017年每年的企业原始数据进行整理，分别获得三个维度下的各指标原始数据，对每年的数据分别进行指数的加权合成，依次合成各维度的综合评价指数。具体过程如下。

（1）使用熵权法进行每年各指标的权重计算，计算方法按照如前所述的公式（7–1）~公式（7–3），各维度指标权重大小如表7–1所示。

表7–1 各维度指标权重量表

维度	指标名称	2013年	2014年	2015年	2016年	2017年
S（企业规模）	资产总额	0.269	0.274	0.266	0.249	0.256
	营业收入	0.321	0.278	0.293	0.306	0.306
	营业利润	0.057	0.037	0.047	0.090	0.072
	员工数量	0.353	0.411	0.395	0.355	0.366
Q（企业质量）	ROE	0.145	0.246	0.200	0.216	0.217
	现金流动负债比	0.432	0.270	0.305	0.207	0.209
	资产周转率	0.265	0.257	0.298	0.331	0.325
	每股收益	0.158	0.227	0.197	0.247	0.249
I（创新能力）	研发人员数量	0.301	0.343	0.338	0.352	0.370
	研发投入	0.266	0.258	0.303	0.307	0.333
	专利数量	0.433	0.400	0.359	0.341	0.298

（2）对数据进行无量纲化处理。为消除指标间不同单位量纲带来的影响，在进行和评价指数合成之前需要对数据进行无量纲化处理，常见的无量纲化处理方法有极值化、标准化、均值化以及标准差化方法，其中标准化方法最为常用，但标准化方法处理后的各指标均值都为0，标准差都

为1，它只反映了各指标之间的相互影响，在无量纲化的同时也抹杀了各指标之间变异程度上的差异，因此，标准化方法并不适用于多指标的综合评价中。而经过均值化方法处理的各指标数据构成的协方差矩阵既可以反映原始数据中各指标变异程度上的差异，也包含各指标相互影响程度差异的信息，因此本书选择均值化方法进行无量纲化处理。

（3）根据以下公式进行综合评价指数的计算

$$Z_l(S)=\sum_{i=1}^{4}W_i(S)\cdot X_i,\ i=1,2,3,4 \tag{7-18}$$

$$Z_l(Q)=\sum_{i=1}^{4}W_i(Q)\cdot X_i,\ i=1,2,3,4 \tag{7-19}$$

$$Z_l(I)=\sum_{i=1}^{4}W_i(I)\cdot X_i,\ i=1,2,3,4 \tag{7-20}$$

式中：$Z_l(S)$、$Z_l(Q)$、$Z_l(I)$ 分别为第 l 个企业规模（S）、质量（Q）和创新能力（I）的综合评价指数；X_i 为各个维度下的指标数值；$W_i(S)$、$W_i(Q)$、$W_i(I)$ 分别为通过熵权法计算得来的企业规模、企业质量、企业创新能力各维度下第 i 个指标的权重。

7.3.3 SQI模型各维度及综合加速成长指数构建

得到各维度综合评价指数之后，接下来进行各维度加速成长指数以及综合加速成长指数的构建，具体步骤如下。

（1）计算各维度各企业的成长速度

$$V_l(S)=[Z_{lt}(S)-Z_{l1}(S)]\cdot\left[\frac{Z_{lt}(S)}{Z_{l1}(S)}\right]/(t-1),\ t=2,3,4,5 \tag{7-21}$$

$$V_l(Q)=[Z_{lt}(Q)-Z_{l1}(Q)]\cdot\left[\frac{Z_{lt}(Q)}{Z_{l1}(Q)}\right]/(t-1),\ t=2,3,4,5 \tag{7-22}$$

$$V_l(I)=[Z_{lt}(I)-Z_{l1}(I)]\cdot\left[\frac{Z_{lt}(I)}{Z_{l1}(I)}\right]/(t-1),\ t=2,3,4,5 \quad (7\text{–}23)$$

式中：设 $V_l(S)$、$V_l(Q)$、$V_l(I)$ 分别为第 l 个企业规模维度、企业质量维度以及企业创新能力维度在第 t 年的成长速度；$Z_{lt}(S)$、$Z_{lt}(Q)$、$Z_{lt}(I)$ 分别为观测期内第 l 个企业第 t 年的企业规模、企业质量和企业创新能力综合指数；$Z_{l1}(S)$、$Z_{l1}(Q)$、$Z_{l1}(I)$ 分别为观测期内第 l 个企业第 1 年（基期）的企业规模、企业质量和企业创新能力综合指数。

（2）计算各企业各年度的加速度

$$A_{lt}(S)=\frac{V_{lt}(S)-V_{l(t-n)}(S)}{n},\ n=1,2,3,4,\ t=3,4,5 \quad (7\text{–}24)$$

$$A_{lt}(Q)=\frac{V_{lt}(Q)-V_{l(t-n)}(Q)}{n},\ n=1,2,3,4,\ t=3,4,5 \quad (7\text{–}25)$$

$$A_{lt}(I)=\frac{V_{lt}(I)-V_{l(t-n)}(I)}{n},\ n=1,2,3,4,\ t=3,4,5 \quad (7\text{–}26)$$

（3）计算各维度企业加速成长指数

为保证不同企业的可比性，将每个维度企业成长加速度为最大值的企业加速指数定为 $Z_1=100$，按标准化比率（$100/A_1$）乘以其他各企业的加速度值得到其余企业的企业加速成长指数。

（4）计算企业综合加速成长指数

在各维度企业加速成长指数的基础上，进一步通过加权的方式将三个维度的加速指数合成综合加速成长指数（本书选择变异系数法进行权重的衡量），以得出 236 家创业板上市的制造企业综合加速成长指数排名。

7.3.4 基于 SQI 模型的制造业上市企业加速成长性结果分析

经过上述分析和计算步骤本书得到 236 家制造业上市企业各维度加速成长指数排名以及综合加速成长指数排名（见附录 B–E）。统计加速指数得分（ZA）及排名情况，按照区间分布进行统计分析结果如图 7–2 所示。

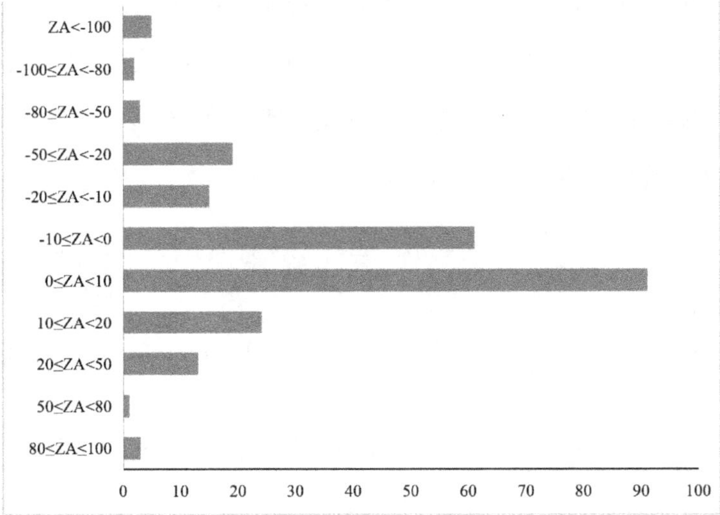

图 7–2 236 家制造企业综合加速成长指数（ZA）分布区间情况

从企业综合加速成长指数排名情况来看，2013 年—2017 年五年内加速成长指数大于 0 即实现加速成长的制造企业共 131 家，占全部样本总数的 55.51%，加速成长指数小于 0 即未实现加速成长的制造企业共 105 家，占比 44.49%。在第三章对市值进行加速指数计算的过程中，最终结果得到 134 家企业实现了市值加速，本章运用 SQI 模型计算得出的加速成长型企业基本全部囊括在内，这也从一定程度表明了本章所提综合评价模型及综合加速成长指数评价的合理性。

在具备加速成长性的企业中，有 3 家企业加速成长指数在 80 以上，表现出非常优秀的加速成长性，本书称之为实现了“超速成长”。这三家企业分别是鸿特精密（现更名为派生科技）、坚瑞沃能以及长盈精密，这三家企业分别在2017年、2016年和2015年综合加速指数排名最高。其中坚瑞沃能在2016年加速成长指数达到最高值100，主要原因是公司实施重大资产重组，于2016年9月完成了收购沃特玛，将其纳入公司合并报表，导致公司收入水平及盈利能力大幅提升，因此该企业属于典型的“规模拉动型加速成长模式”。而鸿特精密（派生科技）和长盈精密两个企业都是技术密集型的精密制造行业，鸿特精密主要专注于汽车铝合金精密压铸件及其总成的研发、制造，在为汽车行业整车（整机）企业持续服务中积累了丰富的行业经验，在新技术、新工艺及新材料应用等方面的技术革新及改造中积累了独具特色的技术领先优势，这成为其在技术密集型的精密压铸行业得以生存的核心竞争优势；长盈精密立足于智能终端零组件加工制造行业，坚持以金属外观件、超精密连接器、电磁屏蔽件等多门类产品共同发展，不断加大研发投入，打造长盈精密自有的核心竞争力：强大的精密模具、精密夹治具加工能力以及出色的研发设计及创新能力。这两家企业的共同点是都在各自行业领域中保持着出色的技术创新优势，形成了企业所特有的、难以模仿的竞争优势，这对于制造企业的健康发展尤为重要，也进一步说明了制造企业技术创新能力对企业成长的重要驱动作用。

从企业综合加速成长指数分布总体情况来看，基本接近“正态分布”，近五年成长加速指数在0~10之间的企业数量最多，共91家，占样本企业总数的38.56%；其次是在-10~0之间的企业数量最多，共61家，占样本企业总数的25.85%。加速成长指数偏低，排名比较靠后的企业成长状态不容乐观，这些企业应该着手进行战略调整，防微杜渐，以保证企业良好的成长环境。

按照前文所述关于企业加速成长不同模式的分类，规模拉动型企业加速成长模式在加速性方面表现为企业规模扩张加速度值大于0且大于企业成长总加速度值，而企业质量加速度值和企业创新能力加速度值均小于企业成长总加速度；质量发展型企业加速成长模式在加速性方面表现为企业质量发展的加速度值大于0且大于企业成长总加速度值，而企业规模扩张加速度和企业创新能力加速度值均小于企业成长总加速度值；创新驱动型加速成长模式在加速性方面表现为企业创新能力加速度值大于0且大于企业成长总加速度值，而企业规模扩张加速度和企业质量发展加速度均小于企业成长总加速度值；规模–质量协同促进型加速成长模式在加速性方面表现为企业规模扩张的加速度和企业质量发展的加速度均大于0且大于企业成长总加速度值，而企业创新能力加速度小于企业成长总加速度值；规模–创新协同促进型加速成长模式在加速性方面具体表现为企业规模扩张的加速度和企业创新能力增强的加速度均大于0且大于企业成长加速度值；质量–创新协同促进型加速成长模式在加速性方面具体表现为企业质量发展的加速度和企业创新能力增强的加速度均大于0且大于企业成长加速度值；三因素均衡发展型加速成长模式在加速性方面具体表现为企业规模扩张的加速度、企业质量发展的加速度和企业创新能力增强的加速度值均大于0且均略低于企业成长加速度值。

按照上述分类标准，本书将经计算得出的131家五年内实现加速成长的企业进行加速成长模式的分类总结，如表7–2所示。结果表明，在创业板上市的131家加速成长企业中，仅有9家属于规模拉动型加速成长模式，有58家属于质量发展型加速成长模式，有18家属于创新驱动型加速成长模式，属于规模–创新协同促进型加速成长模式的有11家，属于质量–创新协同促进型加速成长模式的有16家，属于规模–质量协同促进型加速成长模式的仅有5家，此外有14家企业属于三因素均衡发展型加速成长模式。

表 7–2 236 家企业加速成长模式分类

加速成长模式	企业数量
规模拉动型	9
质量发展型	58
创新驱动型	18
规模 – 创新协同型	11
质量 – 创新协同促进型	16
规模 – 质量协同型	5
三因素均衡发展型	14

从分析结果来看，创业板上市的制造业样本企业中，一半以上企业近五年内呈现出加速成长的态势，成长趋势整体较好，这表明大部分企业已经跨越了生存期，开始进入发展期。在这些加速成长企业中，仅有非常少的一部分企业属于规模拉动型企业加速成长模式，质量发展型加速成长企业所占比例最多，其次是创新驱动以及质量 – 创新双因素协同促进型的企业加速成长模式。由此可见，创业板上市的制造企业大部分已经从单纯的规模维度的成长转向内在质量的提升和创新能力的增强，由单纯量的扩张转向内在素质的逐步提高，开始由粗放式扩张向着内涵式成长的方式转变。

在加速成长企业中，有 18 家企业是单纯的创新能力驱动的企业加速成长模式，有 11 家企业实现了规模和创新协同促进型加速成长，16 家企业实现了质量和创新协同促进型加速成长，因此总体来看共有 45 家企业近五年实现了技术创新驱动的企业加速成长模式。从企业创新能力这一单一维度的企业成长加速指数排名来看，共有 150 家企业创新加速指数大于 0，占样本企业比例高达 63.56%。这表明我国创业板上市的制造企业近几年多数实现了创新能力的加速提升，创新意识正在逐步增强，为我国实现创新驱动经济增长贡献了强有力的力量。

7.4 本章小结

本章节在第三章和第四章研究结论的基础上，进一步对企业加速成长性的测度评价问题展开了实证研究。

在企业加速成长的三维驱动模型基础上，选取合理的指标，构建了企业加速成长的三维“SQI”模型指标体系，其中企业规模维度包含企业员工数量、企业营业收入、企业营业利润以及资产总额；企业质量维度包含每股收益、企业净资产收益率以及资产周转率、现金流动负债比四个指标，其中每股收益和净资产收益率可以反映企业的盈利能力，现金流动负债比可以反映企业的偿债能力，资产周转率可以反映企业的营运能力，即企业加速成长的质量维度是每股收益、盈利能力、偿债能力及营运能力四个方面的综合体现；企业创新能力维度包含研发人员的数量、研发经费的投入以及专利数量三个指标。在构建的SQI指标体系基础上运用企业成长加速度的度量方法对我国创业板上市的236家制造企业进行了企业加速成长性的测度分析，最终得到236家企业加速成长指数的排名。从企业综合加速成长指数排名情况来看，2013年—2017年五年内加速成长指数大于0即实现加速成长的制造企业共131家，占比55.51%；加速成长指数小于0即未实现加速成长的制造企业共105家，占比44.49%。在第四章对市值进行加速指数计算的过程中，最终结果显示134家企业实现了市值加速，本章运用SQI模型计算得出的加速成长型企业基本全部囊括在内，这也从一定程度表明了本章所提综合评价模型及综合加速成长指数评价的合理性。

在第三章关于企业加速成长模式的分析基础上，对实现加速成长的131家企业加速成长模式进行分析，结果表明，大部分企业已经跨越了生存期，开始进入发展期。在这些加速成长企业中，仅有非常少的一部分企业属于规模拉动型企业成长模式，质量发展型加速成长企业所占比例最多，其次是创新驱动以及质量—创新协同促进型企业加速成长模式。由此可见，创业板上市的制造企业大部分已经从单纯的规模维度的成长转向质量和内在创新能力的提升，由单纯的量的扩张转向内在素质的逐步提高，开始由粗放式扩张向内涵式成长方式转变。从企业加速成长的创新能力这一分项维度的加速成长指数情况来看，我国创业板上市的多数制造企业近几年实现了创新能力的加速提升，创新意识正在逐步增强，为我国实现创新驱动经济增长贡献了强有力的力量。

第五篇
规模扩张速度越快越好吗？

8　企业规模加速扩张与企业健康性研究
9　结论及展望

8 企业规模加速扩张与企业健康性研究

前文用较大篇幅分析和测度了企业的加速成长性问题，尽管企业的成长应当强调量的增长、质的提升以及内在发展潜力的全面增强，但是在实践中，由于企业的规模是显性的，容易被外界发掘的，也是最容易实现的成长方式，因此企业往往会对规模的扩张有着强烈的欲望，包括中国五百强企业的排名也是按照营业收入的大小进行排列，这导致一些企业会为了获得市场资源及企业知名度而盲目地、非理性地进行企业规模的快速扩张，在这个过程中，企业的管理、制度和监控往往是滞后的。有限的管理人员，单位监控的饱和，企业人力资源快速增加时的仓促，面对扩张时新环境所带来新问题的不适应等，这些都可能使企业在组织管理方面产生漏洞，进而演化出财务风险，而扩张性财务风险的不可控性极易让处于高比例刚性负债的扩张企业放大财务风险所带来的危害，使企业迅速陷入资不抵债、破产等财务危机之中[199]。鲍新中和李晓非通过财务指标聚类分析的方式对企业的成长性进行了分析，通过对比被 ST 处理的企业成长性系数和未被ST处理的成长性系数，发现高技术企业在获得高成长性的同时，也面临着较高的经营风险[200]。此外，从规模经济理论的角度来看，随着企业生产规模的扩大，企业可以利用更加先进的技术和生产设备，内部分工也会更加趋于专业化和合理化，有规模的技术培训和经营管理也能够使企业节约成本，使规模经济效益成为可能。但是随着规模的进一步扩大，生产和组织管理的各个方面将会变得难以协调，出现管理上的不经济，这将导致生产和经营成本的增加，继而产生所谓的“规模不经济”。鉴于此，本部分从企业规模扩张加速度的角度出发，试图探讨企业盲目追求规模扩张的速度是否会对企业成长的健康性造成一定的影响。

本书所提出的企业成长加速度的概念可以直观地反映出企业在一段时间内的成长速度情况，为企业成长速度的度量方式提供了更加合理的评价方法。因此在本章的研究内容中，将企业规模扩张的加速度作为规模扩张速度的评价标准，探讨企业规模扩张加速度与企业陷入经营困境的关系，加速度的引入可以进一步提高研究结论的准确性，在一定程度上可以丰富“扩张性财务风险理论”，并且可以从实证分析的角度侧面论证本书所提出的“企业成长加速度”是否具有合理性。

鉴于前文所述制造企业中技术创新能力的独特重要性，本书在构建模型时，将技术创新能力这一因素作为控制变量来进行考虑。另外，企业的成长除受自身各方面综合素质的影响之外，外部环境的影响也不能忽视，尤其对于中国的企业来说，宏观政策的调整和变化对企业的健康成长有着非常重要的影响，因此在本章研究内容中，将企业所在区域内的政策环境这一影响因素考虑在内，以企业所在区域的市场化指数作为政策环境松紧程度的代理变量，探讨了政策环境对企业健康成长的影响作用。

8.1 研究设计

8.1.1 研究方法

COX 比例风险模型也称 COX 回归模型，是生命科学领域生存分析中的一种非常简单和稳健的回归模型。最早是英国统计学家 D.R.Cox 于 1972 年提出的用于肿瘤和其他慢性病的预后分析，队列研究的病因探索的一个模型[201，202]。COX 比例风险模型以生存结局及相应的生存时间为因变量，可同时分析多因素对因变量的影响。该模型对数据的性质要求也比较宽松，不仅能分析生存时间有删失的数据，甚至不要求所使用数据的生存分布类型。鉴于上述优良性质，COX 模型自诞生以来，在医学跟踪研究中得到广泛的应用，是迄今为止生存分析中应用最多的多因素分析方法。不仅如此，随着多学科交叉领域的发展，近年来 COX 比例风险模型被逐渐扩展到社会学、保险学以及财务预警分析领域中来。COX 比例风险模型在国外的文献研究中已经被广泛运用在财务分析、财务预警以及企业生存分析等领域[126，203–205]，这些研究均表明 COX 比例风险函数模式在企业成长方面具有良好的应用价值，但在国内的应用尚不能算是普遍[182，206–208]。

由于 COX 回归模型并不是简单的回归模型，所以要介绍 COX 回归模型，首先需要介绍几个有关的基本概念。对于包含变量 $X=(X_1, X_2, \cdots, X_n)$ 的观察对象，其生存时间 T 晚于某时刻 t 的概率被称为生存函数。生存函数的数学表达式为 $S(t, X)=P(T>t, X)$，又被称为累积生存概率。相似地，$F(t, X)=P(T<t, X)$ 称为死亡函数，实际意义是在随访到时刻 t 观察到的累积死亡率。$F(t, X)$ 的导函数 $f(t, X)$ 称为死亡密度函数，最终可以得到风险函数 $h(t, X)=f(t, X)/S(t, X)$，也就是观察对象的瞬时死

亡率，也叫瞬时风险。

鉴于COX比例风险模型的优良性质，本书使用COX比例风险模型对企业规模加速扩张与企业健康成长的关系进行研究，同时考虑企业的技术创新能力、外部政策环境因素对企业健康成长的影响作用。

COX比例风险函数模型的基本形式为

$$h(t, X)=h_0(t)\,e^{[\beta_1X_1+\beta_2X_2+\cdots+\beta_nX_n]}=h_0(t)\,e^{\sum_{i=1}^{n}\beta_iX_i} \quad (8\text{-}1)$$

将式8-1两边取对数可得如下函数形式：

$$\log h(t, X)=\log h_0(t)+[\beta_1X_1+\beta_2X_2+\cdots+\beta_nX_n] \quad (8\text{-}2)$$

其中，$h(t, X)$表示具有协变量X的个体在t时刻的风险概率函数，也称为顺势死亡率，本书中即表示企业在时刻可能陷入经营困境的概率；$h_0(t)$表示基准风险函数，指所有危险因素为0时的基础风险率；X表示协变量的集合，并通过偏最大似然估计来得到系数β_1，β_2，β_2，…，β_n的取值，从而确定这些协变量对企业健康性的影响情况；β_i表示当其他变量不变时，X_i每变化一个单位，风险率的自然对数变化β_i个单位，若$\beta_i>0$，则该因素为危险因素，若$\beta_i<0$，则该因素为保护因素，若$\beta_i=0$，则该因素为无关因素。

8.1.2 样本与数据

将发生经营困境即企业健康发生风险的事件设定为上市公司因连续亏损被ST特殊处理的情形。为避免不同行业间差异性过大对分析结果造成影响，同样选取中国A股上市公司中制造业类的企业进行量化研究，确定样本观测期为2011年—2017年，搜索在此期间被特殊处理的企业，进行行业筛选，去除年报信息难以查找的企业，最终选出66家被ST的制造企业作为COX比例风险函数模型中发生事件的样本企业。相对应的，等比例随机地从与 ST 企业同一年上市的未被 ST 的正常制造企业作为未发生事件的删失数据样本（例如 ST 企业有 5 家在 1998 年上市，则从 1998 年上市的制造企业中随机选取 5 家），最终共获得 132 家样本企业，其中在观测期内发生事件的样本企业将企业状态赋值为 1，未发生事件的删失样本将企业状态赋值为 0。

在企业规模加速扩张的测度方面，本部分分别选用企业的营业收入和资产总额两个指标作为企业规模的代理变量，数据从各上市企业公开年报以及国泰安数据库、Wind 数据库中进行查找获得。

对每家样本企业年报信息进行收集处理，从年报中获取企业的研发投入数据、研发人员数据，通过国家知识产权局的专利检索分析系统进行查询并且统计企业的授权专利数量，通过客观赋权法中的变异系数法确定各指标的权重进而合成技术创新指数来参与 COX 比例风险模型的回归，本书使用年度数据。

政策环境对企业的成长来说是非常重要的影响因素，尤其对于中国的企业，国家政策导向性的变动对企业调整战略方向和经营决策至关重要，应当予以考虑。但政策环境这一指标非常难以量化，幸运的是，作者检索以往文献发现，王小鲁、樊纲等人编写的《中国市场化指数报告》从不同方面对中国各省份的市场化进程进行了非常全面的比较，使用基本相同的指标体系对中国各地区的市场化进程进行了持续的测度，从而提供了一个反映市场化变革的稳定的观测框架。该报告从五个方面选取基本指标对市场化进行测度，形成了政府与市场关系的评分、非国有经济的发展程度、产品市场发育程度、要素市场发育程度、市场中介组织的发育和法律制度环境五个方面的指数，最终将这五个指数合成市场化总指数，指数得分从 0~10 不等，得分越高代表市场化程度越高[210]。而市场化程度从一定程度上反映出了企业所在环境的政策松紧程度，因此本书用市场化总指数对不同区域的市场化进程进行评价，以此作为企业所处地区政策环境的代理变量。由于目前市场化指数报告只更新到 2014 年，因此本书选用 2011 年—2014 年市场化总指数的平均值作为区域市场化进程评价指标[211]。

8.2 基于 COX 比例风险模型的企业健康性分析

8.2.1 企业规模的加速扩张性测度

为探索企业规模扩张速度和企业成长健康性之间的关系，本章用前文所述企业成长的“加速度”对企业规模扩张的加速度进行测度评价。选用企业的营业收入作为企业规模的代理变量，以企业营业收入增长的加速度来计算企业规模扩张的加速度参与 COX 比例风险模型回归，并且为保证结果的准确性，另外选用企业资产总额作为企业规模的代理变量参与回归来进行稳健性检验。企业规模扩张加速度的计算方法如下。

（1）计算企业规模的扩张速度，设为 V_{it} 第 i 个企业第 t 年的规模扩张速度，则

$$V_{it}=(S_{it}-S_{i1})\cdot\left(\frac{S_{it}}{S_{i1}}\right)/(t-1) \tag{8-3}$$

其中，S_{it} 为第 i 个企业第 t 年的营业收入或资产总额；S_{i1} 为第 i 个企业基期年的营业收入或资产总额。

（2）计算企业规模扩张的加速度，设 A_{it} 为第 i 个企业第 t 年的加速度值，则

$$A_{it}=\frac{V_{it}-V_{i(t-n)}}{n},\ n=1,\ 2,\ 3,\ \cdots,\ n-1 \tag{8-4}$$

由于证监会是根据上市公司前两年的年报判断其是否出现财务状况异

常[212]，因此本部分选择计算企业在被特殊处理之前三年内的加速度，以此构建的模型预测性更为合理。对于非截断样本，如果某企业在 2014 年被 ST，则计算该企业 2011 年—2013 年的加速度，对于截断样本，则选择计算 2014 年—2016 年的加速度。

除以反映企业规模的综合指标来计算企业的加速成长性之外，另外引入对企业成长有重要影响作用的特征变量作为企业层面的控制变量参与 COX 比例风险模型的构建，主要包括企业的营运能力、盈利能力、偿债能力以及企业年龄等多项指标。

8.2.2 企业技术创新水平测度

目前国内外众多研究对企业技术创新的度量并无统一标准，尽管如此，大部分研究普遍认可选用研发投入强度、专利数量、研发人力资本等作为技术创新的度量指标[152，213-215]。为避免评价指标过于单一导致评价结果不够客观，本书采取指标赋权合成综合评价指标的方式。由于前文已经运用研发投入以及研发人员的绝对数量对技术创新水平进行测度，证明了技术创新投入的绝对量对企业成长的正向影响作用，本部分选用技术创新投入强度（即研发投入占营业收入的比重，研发人员数量占员工总数的比例）的综合指数来反映企业的技术创新能力，一来可以作为本章 COX 比例风险函数模型的控制变量，二来可以对前文的分析结果进行稳健性检验。收集每家制造企业研发投入占营业收入的比重、已获授权专利数量和研发技术人员占员工数量的比重，通过变异系数法求取每项指标的权重，进而合成企业技术创新水平总指数，记为 I。

变异系数法求取权重的计算方法如下。

（1）求各项指标的变异系数

$$V_i=\frac{\sigma_i}{\overline{X}_i} \tag{8-5}$$

（2）求各指标的权重

$$W_i=\frac{V_i}{\sum_{i=1}^{n} V_i} \tag{8-6}$$

V_i 代表第 i 个指标的变异系数，σ_i 为第 i 个指标的标准差，$\overline{X}_i$ 为第 i 项指标的均值；W_i 为第 i 项指标的权重

表 8-1 为根据变异系数法求得的企业各项技术创新水平指标权重大小。

表 8-1 企业技术创新水平各评价指标权重

一级指标	二级指标	权重系数
企业技术创新水平	专利授权数量	0.463
	研发投入比重	0.343
	研发技术人员比重	0.194

8.2.3 区域市场化进程与控制变量

政府调控与企业的关系一直是学术界的研究热点，但这一变量非常难以量化。而王小鲁和樊纲等人提出市场化程度的高低能够很好地刻画地方政府的干预程度。为剖析研究政府干预情况对企业健康状况的影响作用，本书选择用王小鲁和樊纲等人编写的《中国市场化指数报告》[210]中合成的市场化总指数作为描述不同省份政策环境的代表变量。根据每个样本企业所在的省份，对应地统计每个省份的市场化总指数，由于市场化总指数目前更新到 2014 年，本书选择每个省份 2011 年—2014 年间市场化总指数的平均值进行区域市场化进程的测度。

不同区域经济发展水平和城镇化水平的高低可能会导致企业所在区域竞争性不同，从而对企业陷入成长困境的概率产生一定影响，本书选择区域人

均生产总值和区域城镇化人口所占比重作为控制变量，此外本书引入地区授权专利数来评价地区创新环境的差异，作为不同地区技术创新环境水平的控制变量。表 8-2 列出了本部分所用到的主要变量名称和含义及度量方式。

表 8-2　企业层面主要选择指标及度量方式

变量	定义	数据形式	度量方法
企业规模	资产总额	自然对数	企业当年资产总额的自然对数
	营业收入	自然对数	企业当年营业收入的自然对数
偿债能力	现金流动负债比	比率	年经营活动现金净流量 / 年末流动负债
营运能力	资产周转率	比率	周转额 / 资产
企业年龄	企业上市年份至观测期开始时所经历时间	对数	2011—上市年份 +1
政策环境	区域市场化进程	市场化指数	企业所在省份 2011 年—2014 年间市场化总指数的平均值
经济发展水平	地区人均生产总值	绝对数值	企业所在省份人均生产总值
区域城镇化水平	区域城镇化人口数量占总人口比重	比率	企业所在省份城镇人口占总人口比重大小
创新环境水平	区域授权专利数	绝对数值	企业所在省份专利授权数量
创新环境水平的平方项	区域授权专利数的平方	平方项	企业所在省份授权专利数的平方

注：本部分区域市场化指数数据来自《中国市场化指数报告》，区域经济发展水平、区域城镇化水平、区域创新环境水平等数据来自《中国统计年鉴》以及各省份统计年鉴。

8.2.4　COX 比例风险模型回归结果分析

本书着重考察了企业规模扩张加速度、技术创新水平以及区域政策环境这三个因素对企业健康状况的影响，因此设定 SA 表示企业规模扩张加速度，I 为企业技术创新水平，MK 表示区域市场化指数，此外引入区域市场化指数以及企业规模扩张加速度的平方项 MK^2、SA^2，由此确立的 COX 比例风险模型形式为

$$h(t, X)=h_0(t)\exp[\beta_1 S+\beta_2 S^2+\beta_3 MK+\beta_4 MK^2+\beta_5 I+\beta_i Z_i] \quad (8\text{-}7)$$

式中：Z_i 为控制变量的合集，包括企业层面的 ROE、现金流动负债比、资

产周转率、企业年龄的自然对数及其平方项以及外在环境层面的反映经济发展水平的区域人均GDP、反映区域城镇化水平的城镇化人口占总人口的比重、反映区域创新环境的经过均值标准化的区域专利授权数量及其平方项。

分别用企业营业收入增长的加速度和资产总额增加的加速度作为企业规模加速扩张性的代理变量，参与COX比例风险模型回归，使用SPSS软件对模型进行拟合，拟合后的结果如表8-3和表8-4所示。由表8-3和表8-4的结果来看，COX比例风险函数模型所得到的主要解释变量系数及显著性基本一致，这表明所构建的函数模型具有一定的稳健性。

表 8-3　COX 比例风险模型回归结果（以营业收入作为企业规模代理变量）

协变量名称	*B*	SE	Wald	df	Sig.	Exp（*B*）
企业技术创新水平	-0.981	0.290	11.401	1	0.001	0.375***
企业规模扩张加速度	-1.229	0.427	8.260	1	0.004	0.293***
企业规模扩张加速度平方项	0.453	0.221	4.209	1	0.040	1.574**
ROE	0.001	0.005	0.032	1	0.859	1.001
现金流动负债比	0.004	0.063	0.003	1	0.954	1.004
资产周转率	2.639	0.531	24.676	1	0.001	13.997***
企业年龄	1.873	2.152	0.758	1	0.384	6.507
企业年龄平方项	-6.124	1.661	13.588	1	0.001	0.002***
区域市场化进程	-1.382	0.643	4.623	1	0.032	0.251**
市场化进程平方项	0.114	0.051	4.977	1	0.026	1.121**
区域经济发展水平	-0.133	0.169	0.623	1	0.430	0.875
区域城镇化水平	-0.005	0.027	0.029	1	0.866	0.995
区域创新环境	5.182	3.949	1.722	1	0.189	177.956
区域创新环境平方项	-0.637	0.456	1.950	1	0.083	0.569*

注：*、*、*** 表示 10%、5%、1% 水平上显著。

表 8-4　COX 比例风险模型回归结果（以资产总额作为企业规模代理变量）

协变量名称	*B*	SE	Wald	Df	Sig.	Exp（*B*）
企业技术创新水平	-0.987	0.289	11.702	1	0.001	0.373***
企业规模扩张加速度	-1.489	0.648	5.284	1	0.022	0.226**
企业规模扩张加速度平方项	0.488	0.724	0.454	1	0.053	1.629*
ROE	0.001	0.005	0.023	1	0.880	1.001
现金流动负债比	0.034	0.068	0.0245	1	0.620	1.034
资产周转率	1.464	0.564	6.744	1	0.009	4.232**
企业年龄	1.765	2.269	0.605	1	0.437	5.839

续表

协变量名称	*B*	SE	Wald	Df	Sig.	Exp（*B*）
企业年龄平方项	–5.741	1.689	11.551	1	0.001	0.003***
区域市场化进程	–1.109	0.630	3.095	1	0.079	0.330*
市场化进程平方项	0.193	0.050	3.419	1	0.064	1.098*
区域经济发展水平	–0.080	0.165	0.235	1	0.628	0.923
区域城镇化水平	–0.002	0.027	0.003	1	0.953	0.998
区域创新环境	4.385	3.779	1.346	1	0.246	80.219
区域创新环境平方	–0.544	0.439	1.537	1	0.215	0.580

注：*、**、*** 表示 10%、5%、1% 水平上显著。

表 8–3 和表 8–4 中每个系数描述的是预测变量变化一个单位对 log 风险的影响。而每个系数的反对数值是风险比率，描述的是预测变量变化一个单位对风险的影响。从企业规模扩张的加速度回归系数情况来看，企业规模的平方项具有统计学上的显著意义，这表明企业规模的扩张加速度与企业健康性呈现“倒 U”字形关系，存在最优的扩张速度，过快或者过慢的成长速度均不利于企业保持其健康发展态势。原因在于盲目追求企业规模扩张速度会导致企业发展路径不清晰，这种情况下如果内部组织管理结构没有跟上企业规模扩张的速度就会导致企业没有足够的能力将获得的资源转化成市场回报，而如果企业规模的成长速度过慢，则资源获取能力较差，难以形成规模经济效益，因而也比较容易在激烈的市场竞争中被淘汰出局。这一结果与规模经济理论的主要观点比较一致，这从侧面反映出本书所提出的“企业成长加速度”这一度量方式具有一定的合理性，企业成长加速度能够客观全面地反映出企业成长的速度变化趋势。

估计结果表明，企业技术创新水平 1% 水平上显著影响企业的危险概率，系数为负表明企业积极的技术创新行为是企业健康成长的保护性因素。积极进行技术创新活动有助于企业降低陷入经营危机的风险概率，这一发现表明，技术创新对于企业健康性有着重要意义，是企业得以健康成长的关键保护性因素。技术进步是企业得以长久稳定发展的根本,尤其在“双创”氛围的快速冲击下,企业如果不能积极地进行技术创新,则会面临较高的成长困境风险。

从市场化进程的相关系数和统计结果来看,平方项具有统计学上的显著意义。这表明在促进企业健康成长方面,存在一个最优市场化程度的临界值,市场化程度过高或者过低都有可能抑制企业的健康发展。市场化指数过低则表示政府对市场的干预程度过强,这可能会导致企业的融资渠道较少,财务受限程度较高,因而会在一定程度上阻碍企业的健康发展,这种情况下需要政府减少对市场的干预程度,促进区域内企业技术进步和协同发展的活跃度。但当区域市场化程度过高时,则会导致企业之间的市场竞争更加激烈,过于宽松的政府干预和较弱的法律保护机制还会导致不正当竞争的发生,从而增大企业个体成长困境发生的概率。

以上结论表明,当企业处于规模较小的成长阶段,尤其在企业生命周期的生存期,还未形成规模经济效益,企业应当适当追求企业规模的扩张,以促进规模经济效益的产生;但当企业规模发展到一定程度之后,为适应企业规模的发展程度,企业的成长此时不能再视规模的扩张为唯一的目的和结果,而应当注重自身管理水平的提升、组织结构的优化、企业文化的发展等企业内在质量的提升。由于企业积极的技术创新行为是企业健康成长的保护性因素,企业应当注重技术创新能力和效率的提升,在激烈的竞争格局中提高企业自身的竞争优势,以获取较高的成长潜力。本部分得到的主要结论与前面章节所提出的有关企业加速成长的理论观点基本一致,因此本部分的研究内容对本书所提企业加速成长相关概念和界定标准的合理性能够起到一定的验证作用。

8.3 本章小结

本书以制造业上市企业为样本，采用生存分析中的COX比例风险模型回归的方法对企业规模加速扩张性与企业的健康性之间的关联性做了实证测度分析。基于前文所述企业加速成长理论的相关观点，用“企业规模扩张的加速度”对企业的规模扩张速度进行了量化测度，对样本企业的技术创新指数进行了合成与测度，运用市场化总指数对每个企业所在区域的政策环境变量进行了衡量，在此基础上将企业规模扩张加速度、企业技术创新水平、企业所在区域的政策环境三项影响因素共同纳入COX比例风险函数模型，分析了这三种因素对企业健康性的影响作用。研究得到以下结论与启示。

（1）企业规模扩张速度与企业健康性之间存在“倒U”字形关系，这表明存在最优的规模扩张速度能够最大限度地促进企业的健康成长，成长速度并不是越快越好，过快或过慢都有可能对企业的健康成长产生不良影响。企业盲目追求规模的扩张速度将有可能导致企业发生经营危机，企业应当注重企业内在素质的逐步提升，以适应企业规模的快速发展。

（2）企业的技术创新水平是保护因素，能够显著提高企业成长的健康性，有效降低企业发生经营危机的概率，积极进行技术创新的企业对竞争环境具有更高的适应性，因此企业应当注重提高自身的技术创新能力和效率，促进核心企业竞争优势的形成。

（3）区域市场化指数与企业的健康成长之间呈现“倒U”字形的关系，存在最优的市场化程度能够最大限度地有利于所在地区企业的健康成长，过高或过低的市场化进程均会对企业健康成长产生一定程度上的负面影响。因此政策环境应当保持松紧适度，既不对企业的发展产生束缚，也能保证有助于区域市场中的企业进行良性竞争。

针对以上发现，为提高企业的健康成长性，降低企业的经营困境发生概率，促进区域和国家经济水平的稳健增长，本书提出如下建议。

第一，企业应注意避免盲目追求规模扩张速度，规模扩张行为应与企业自身的管理水平和所处阶段相适应。政府也应针对不同产业制定不同的创新扶持政策，引导企业避免由于盲目追求政策的优惠而进行不良扩张，只有当企业的规模、市场定位与企业自身的发展管理水平相适应时，企业才能得以稳步健康地成长。

第二，技术创新水平的提升能为企业带来竞争优势，对企业的健康成长具有积极的正向影响作用，企业应根据自身规模积极进行研发技术创新，尤其是在当今经济结构转型期，传统制造业应不断加强技术创新与商业模式创新的共同发展，掌握核心技术优势，进而降低自身因受到新生力量冲击而发生经营困境的概率。

第三，政府对市场的干预程度应当松紧适度，积极为市场营造长效创新机制，政府应当在建立健全法律保护机制的前提下，适当给市场环境“松绑”，避免对企业行为的过度限制，做到既能保证企业充满活力，又能尽量减少市场上不良竞争现象的产生，不断调整政府职能，力求最大限度地促进企业的健康成长。

囿于理论水平及数据获取难度，本章研究内容尚存在以下局限性。①关于企业技术创新水平的测度指标可能不尽完善；②本部分内容暂仅对制造企业做了相关研究，未来可与其他行业领域的企业进行比较分析。以上问题在后续研究中将继续完善。

9　结论及展望

9.1　主要研究结论

本书的主要研究内容及研究结论如下。

（1）基于实践领域中企业成长存在差异性的现象，在企业成长理论、企业生命周期理论及企业竞争优势理论的基础上，本书进一步提出企业加速成长的概念，并对企业加速成长的定义、界定标准和特征、内涵以及基于不同驱动因素形成的企业加速成长多元模式进行了理论研究。即企业加速成长是指企业在一段时间内实现成长速度提升的过程，企业加速成长用企业成长加速度来衡量，企业成长加速度是企业成长速度变化量与企业发生这一变化所用时间的比值，是企业成长速度变化趋势及企业发展潜力的量化结果。企业成长的加速度越大表明企业的加速性趋势越明显，成长潜力越大，企业加速成长性具有相对性、动态性、持续性以及风险性的特征。本书从企业加速成长的构成要素及企业竞争优势获取的角度出发，探索性地提出了企业加速成长的四维空间概念模型，即企业加速成长的内涵应当包括以下四个维度：时间特征维度、企业规模维度、企业质量维度以及企业创新能力维度。根据企业加速成长主要驱动力量来源的不同，分析企业加速成长的不同模式主要有以下几种：企业规模拉动型加速成长模式、企业质量发展型加速成长模式、企业创新驱动型加速成长模式以及多因素协同促进型加速成长模式。其中多因素协同促进型加速成长模式主要包括规模-质量协同促进型加速成长模式、规模-创新协同促进型加速成长模式、质量-创新协同促进型加速成长模式以及规模-质量-创新三因素均衡发展型加速成长模式。

（2）本书从企业竞争优势获取的角度提出技术创新能力的增强是企业加速成长的重要驱动力量的假设，为检验企业技术创新对企业成长的驱动作用，运用 Kaplan-Meier 估计的方法对技术创新与企业成长的关系进行了初步检验。Kaplan-Meier 估计结果表明，高技术产业领域的企业具有比普通制造企业更高的生存概率和更低的危机概率，这说明技术创新对企业的生存和发展是保护性因素，企业提高技术创新能力能够促使企业获得生存和发展的机会。在此基础上进一步运用面板数据固定效应和随机效应模型对 236 家企业技术创新与企业规模发展之间的关系进行回归分析，结果显示企业研发投入与企业规模发展之间呈现“倒 U”形关系，企业在进行研发投入的时候要注意与企业自身管理水平相适应，并且应注意研发活动中的风险性。企业研发人员和专利数量对企业规模发展具有显著的正向促进作用，这进一步说明技术创新对企业成长具有积极的促进作用。在企业成长加速度概念的基础上计算了 236 家创业板制造企业的市值加速指数。将市值加速型企业和未实现加速型企业分成两类分别进行面板数据固定效应分组回归分析，结果显示市值加速型企业中技术创新对企业规模发展的正向积极促进作用更加明显，且模型拟合效果更好；但是非加速型企业中技术创新对企业规模发展的影响作用并不显著，方程拟合效果也不够理想。因此肯定了技术创新对企业加速成长具有重要促进作用的理论假设，认为企业积极进行技术创新可以促使企业形成竞争优势，进而实现加速成长。

（3）在企业加速成长的三维驱动模型基础上，选取合理的指标，构建了企业加速成长的三维“SQI”测度指标体系。其中企业规模维度包含企业员工数量、企业营业收入、企业营业利润以及资产总额；企业质量维度包含每股收益、企业净资产收益率以及资产周转率、现金流动负债比四个指标，其中每股收益和净资产收益率可以反映企业的盈利能力，现金流动负债比可以反映企业的偿债能力，资产周转率可以反映企业的营运能力，即企业加速成长的质量维度是每股收益、盈利能力、偿债能力及营运能力四个方面的综合体现；企业创新能力维度包含研发人员的数量、研发经费的投入以及专利数量三个指标。在构建的SQI指标体系基础上运用企业成长加速度的度量方法对我国创业板上市的236家制造企业进行了企业加速成长性的测度分析，最终得到236家企业加速成长指数的排名。结果显示，从企业综合加速成长指数排名情况来看，2013年—2017年五年内创业板上市的制造企业加速成长指数大于0也即实现加速成长的制造企业共131家，占比55.51%；加速成长指数小于0也即未实现加速成长的制造企业共105家，占比44.49%。

根据企业加速成长不同模式的分类标准进行分析，在创业板上市的131家加速成长企业中，仅有9家属于规模拉动型加速成长模式，有58家属于质量发展型加速成长模式，有18家属于创新驱动型加速成长模式，属于规模－创新协同促进型加速成长模式的有11家，属于质量－创新协同促进型加速成长模式的有16家，属于规模－质量协同促进型加速成长模式的仅有5家，此外有14家企业属于三因素均衡发展型加速成长模式。

进一步分析结果表明，大部分企业已经跨越了生存期，开始进入发展期。在这些加速成长企业中，质量发展型加速成长企业所占比例最多，其次是创新驱动以及质量－创新协同促进型企业加速成长模式。由此可见，创业板上市的制造企业大部分已经从单纯的规模维度的成长转向质量和内在创新能力的提升，由单纯的量的扩张转向内在素质的逐步提高，开始由粗放式扩张向内涵式成长方式转变。从创新驱动型企业加速成长模式的分析情况来看，我国创业板上市的多数制造企业近几年实现了创新能力的加速提升，创新意识正在逐步增强，为我国实现创新驱动经济增长贡献了强有力的力量。

（4）以制造业上市企业为样本，采用 COX 比例风险函数模型对企业规模的加速扩张与企业成长的健康性之间的关系进行了测度分析。用本书提出的“规模扩张的加速度”对企业的规模扩张速度进行度量，对样本企业的技术创新指数进行了测度合成，运用市场化总指数对每个企业所在区域的市场化进程进行评价，在此基础上将企业规模扩张加速度、企业技术创新水平、市场化进程共同纳入 COX 比例风险函数模型，分析了三者对企业健康性的影响作用。研究得到以下结论。①企业规模扩张速度并不是越快越好，过快或过慢都有可能抑制企业的健康性，企业盲目的扩张行为会增加企业陷入经营危机的概率。规模扩张行为应与企业自身的管理水平相适应，政府应针对不同产业制定不同的创新扶持政策，引导企业避免由于盲目追求政策优惠而进行不良扩张，企业规模、市场定位与企业自身的发展管理水平应当相适应。②企业技术创新水平是保护因素，能够显著提高企业健康质量，降低企业发生生存危机的概率，积极进行技术创新的企业对竞争环境具有更高的适应性。③区域市场化指数与企业健康性之间呈现“倒 U”形关系，存在最优市场化程度能够最大限度地利于企业健康发展，过高或过低的市场化程度均可能对企业健康成长产生不利影响。因此政府对市场的干预程度应当“合理化”，积极为市场营造长效创新机制，在建立健全法律保护机制的前提下，应适当给市场环境“松绑”，避免对企业行为的过度限制，促进市场活跃繁荣。

9.2 研究不足及展望

囿于理论水平、数据资料获取的难度、工作条件以及个人能力的限制，本书尚需进一步完善，本部分就书中的不足之处以及未来可进一步改进和拓展的方向做如下阐明。

（1）本书尽管在企业加速成长界定方法、测度指标体系的完善以及企业加速成长的驱动力量分析等方面做了一定的工作，对企业加速成长理论起到了一定的抛砖引玉作用，在一定程度上丰富了传统的企业成长理论，但是理论体系的建立和完善并不是一蹴而就的，必然还存在一定的不足之处，期望未来能够在企业加速成长理论研究方面进一步深入补充和完善。

（2）由于在企业微观层面上创新能力指标的获取存在一定的难度，我国上市公司所披露的信息中只能查找到研发人员和研发经费以及专利情况，因此本书暂仅用企业的研发活动情况和专利获得情况对企业技术创新能力进行了度量，在指标的选取方面尚存在不完善之处，期望未来国家和地方对企业微观层面的信息进行更多的披露，以便于研究人员对企业的创新能力进行更为全面、客观的研究，这将有助于获得更有意义的研究结论。

（3）由于证监会自2013年起才强制上市公司进行研发活动等相关情况的披露，为保证数据的真实可靠性及完整性，本书暂仅对2013年—2017年的企业加速成长问题进行了实证研究，纵向研究还有待进一步扩展。未来随着年份的增加，期望能够在时间和样本量上进行进一步的扩充，并期望能够建立企业加速成长的数据库，结合大数据平台的分析方法，建立企业加速成长指数的动态时序性监测体系，实现对企业加速成长指数的预测。

（4）目前的研究内容较缺乏典型的案例分析，未来如果有条件的话，期望能够对一些典型企业进行长时间深入的追踪和观测，一方面可以扩充企业加速成长的纵向研究结果，另一方面期望能够通过深入访谈、调研等多种形式获取到与企业加速成长相关的第一手资料，便于对企业的内在素质进行更深层次的研究，这将有助于企业加速成长理论研究的进一步完善与发展。

参考文献

[1] 张慧丽．中小企业技术创新能力与成长性关系的实证研究［D］．山东大学，2010.

[2] Penrose E P C，Covey S R，Goleman M K A，et al. The theory of the growth of the firm［J］. Journal of the Operational Research Society，2015，2（3）：192- 193.

[3] 徐飞，宋波．企业发展理论与成长机理［M］．成都：西南交通大学出版社，2014.

[4] 汪建，赵驰，周勤．基于创新驱动的企业成长研究综述［J］．江苏社会科学，2012（4）：69-74.

[5] 孙旭．开放式创新广度与外部环境对企业创新绩效的影响研究［D］．上海交通大学，2015.

[6] Coase R H. The Nature of the Firm［J］. Economica，1937，4（16）：386-405.

[7] Williamson O E. Transaction-Cost Economics：The Governance of

Contractual Relations [J] .Journal of Law & Economics，1979，22 (2) : 233–261.

[8] Porter Michael E. 国家竞争优势 [M] . 李明轩，邱如美，译 . 北京：华夏出版社，2002.

[9] 刘佳 . 迈克尔 · Porter：差异化战略，构筑竞争优势 [J] . 经营与管理，2014 (4) : 11–12.

[10] 亚当斯密 . 国民财富的性质及其原因的研究 [M] . 北京：商务印书馆，1972.

[11] Marshall. Principles of economics [M] . London：Macmillan，1965.

[12] Penrose E T. The Theory of the growth of the firm [M] . Oxford：Basil Blackwell Publisher，1959.

[13] 哈罗德 · 德姆塞茨 . 所有权、控制与企业——论经济活动的组织 [M] . 北京：经济科学出版社，1999.

[14] Prahalad C K H G. Core competence of the corporation [J] . Harvard Business Review，1990 (May – June) .

[15] 杨林岩，赵驰 . 企业成长理论综述——基于成长动因的观点 [J] . 软科学，2010 (7) : 106–110.

[16] 王念新，仲伟俊，梅姝娥 . 信息技术、核心能力和企业绩效的实证研究 [J] . 管理科学，2010 (1) : 52–64.

[17] 高兴野，王洋 . 企业理论研究应该回归科斯的研究方法 [J] . 经济纵横，2011 (8) : 44–47.

[18] 霍国庆，刘丽红，杜智涛，等 . 科技型中小企业成长研究现状综述 [J] . 科技进步与对策，2011 (22) : 155–160.

[19] 赵丽娟 . 企业持续成长的内在机理——基于成长动因理论的研究 [J] .

科技管理研究，2011（16）：123-126.

［20］覃巍．企业成长理论中的生物学类比研究回顾与展望［J］．外国经济与管理，2012（9）：7-14.

［21］陈建，章华强．企业并购的价值创造机理分析——基于资源竞争优势观［J］．江西社会科学，2013（1）：201-204.

［22］杜南珏，李小军．企业家能力与民营企业成长研究文献综述［J］．经济研究导刊，2013（33）：28-31.

［23］刘长庚，王迎春．核心资源基础企业理论框架下的企业内生成长模型［J］．经济经纬，2013（6）：89-93.

［24］谢作渺，庄才钱．科技型小企业的成长理论综述［J］．工业技术经济，2013（5）：147-152.

［25］张敬伟．新企业成长过程研究述评与展望［J］．外国经济与管理，2013（12）：31-40.

［26］刘振，杨俊，李志刚．国外社会企业成长研究综述与发展趋势［J］．现代财经（天津财经大学学报），2014（2）：84-93.

［27］徐久香，李华，王春元．基于破坏性创新的企业成长模式研究［J］．科学学与科学技术管理，2014，35（2）：134-142.

［28］田先钰，王晓．科技型中小企业管理创新演化路径及实证研究——基于成长理论视角［J］．科技进步与对策，2014（21）：94-98.

［29］Greiner L E，Schein V E. Power and organization development：mobilizing power to implement change［M］. FT Press；1st edition，1988.

［30］Shepherd D，Wiklund J. Are we comparing apples with apples or apples with oranges? Appropriateness of knowledge accumulation across growth studies [J] . Entrep. Theory Pract. 2009 (33) : 105–123.

[31] McKelvie A, Wiklund J. Advancing firm growth research: a focus on growth mode instead of growth rate [J] . Entrep. Theory Pract, 2010, 34 (2) : 261–288.

[32] Nelson R R, Winter S G. An evolutionary theory of economic Change [M] . Belknap Press of Harvard University, 1982.

[33] Cefis E, Marsili O. A matter of life and death: innovation and firm survival [J] . Industrial and Corporate Change, 2005, 14 (6) : 1167–1192.

[34] Cassia L, Colombelli A. Do universities knowledge spillovers impact on new firm's growth? Empirical evidence from UK [J] . International Entrepre –neurship and Management Journal, 2008, 4 (4) : 453–465.

[35] Coad A, Rao R. Innovation and firm growth in high–tech sectors: A quantile regression approach [J] . Research Policy, 2008, 37 (4) : 633–648.

[36] Lee C. A theory of firm growth: Learning capability, knowledge threshold, and patterns of growth [J] . Research Policy, 2010, 39 (2) : 278–289.

[37] Audretsch D B, Coad A, Segarra A. Firm growth and innovation [J] . Small Business Economics, 2014, 43 (4) : 743–749.

[38] Calvo J L. Testing Gibrat's Law for Small, Young and Innovating Firms [J] . Small Business Economics, 2006, 26 (2) : 117–123.

[39] Corsino M, Gabriele R. Product innovation and firm growth: evidence from the integrated circuit industry [J] . Industrial and Corporate

Change，2011，20（1）：29-56.

[40] Lööf H，Heshmati A. On the relationship between innovation and performance：a sensitivity analysis [J]. Economics of Innovation & New Technology，2006，15（4）：317-344.

[41] McKelvie A，Brattström A，Wennberg K. How young firms achieve growth：reconciling the roles of growth motivation and innovative activities [J]. Small Business Economics，2017，49（2）：273-293.

[42] Demirel P，Mazzucato M. Innovation and firm growth：is R&D worth it? [J]. Industry & Innovation，2012，19（1）：45-62.

[43] Deschryvere，Matthias. R&D，firm growth and the role of innovation persistence：an analysis of finnish SMEs and large firms. [J]. Small Business Economics，2014，43（4）：767-785.

[44] Segarra，Agustí，Teruel M. High-growth firms and innovation：an empirical analysis for Spanish firms [J].Small Business Economics，2014，43（4）：805- 821.

[45] Santi C，Santoleri P. Exploring the link between innovation and growth in Chilean firms [J]. Small Business Economics，2017，49（2）：445-467.

[46] Bogliacino F，Lucchese M，Nascia L，et al. Modeling the virtuous circle of innovation：a test on Italian firms [J]. Industrial and Corporate Change，2016，26（3）：467-484.

[47] Naldi L，Davidsson P. Entrepreneurial growth：The role of international knowledge acquisition as moderated by firm age [J]. Journal of Business Venturing，2014，29（5）：687-703.

[48] Deligianni I, Voudouris I, Lioukas S. Growth paths of small technology firms: The effects of different knowledge types over time [J] . Journal of World Business, 2015, 50 (3) : 491–504.

[49] Coad A, Segarra A, Teruel M. Innovation and firm growth: Does firm age play a role? [J] . Research Policy, 2016, 45 (2) : 387–400.

[50] Hern á ndez V, Nieto M J. Inward–outward connections and their impact on firm growth [J] . International Business Review, 2016, 25 (1) : 296–306.

[51] Mart í nez–Rom á n J A, Tamayo J A, Gamero J. Innovativeness and its influence on growth and market extension in construction firms in the Andalusian region [J] . Journal of Engineering and Technology Management, 2017 (43) : 19–33.

[52] Di Cintio M, Ghosh S, Grassi E. Firm growth, R&D expenditures and exports: An empirical analysis of italian SMEs [J] . Research Policy, 2017, 46 (4) : 836–852.

[53] Subrahmanya M H B. Technological Innovation and Growth of SMEs In Bangalore: Does Innovation Facilitate Growth of Firm Size? [J] . Asian Journal of Technology Management, 2011, 4 (1) : 41–55.

[54] Bogliacino F, Vivarelli M. The job creation effect of R&D expenditures [J] . Australian Economic Papers, 2012, 51 (2) : 96–113.

[55] Falk M. Quantile estimates of the impact of R&D intensity on firm perfor –mance [J] . Small Business Economics, 2012, 39 (1) : 19–37.

[56] Brouwer E, Kleinknecht A, Reijnen J O N. Employment growth and innovation at the firm level [J] . Journal of Evolutionary Economics,

1993，3（2）：153-159.

［57］Nunes P M，Serrasqueiro Z，Leitão J. Is there a linear relationship between R&D intensity and growth? Empirical evidence of non-high-tech vs. high-tech SMEs［J］. Research Policy，2012，41（1）：36-53.

［58］Bottazzi G，Dosi G，Lippi M，et al. Innovation and corporate growth in the evolution of the drug industry［J］. LEM Papers Series，2001，19（7）：1161-1187.

［59］Corsino M，Gabriele R. Product innovation and firm growth：evidence from the integrated circuit industry［J］. Industrial and Corporate Change，2011，20（1）：29-56.

［60］廖中举 . 利益相关压力、环境创新与企业的成长研究［J］. 科学学与科学技术管理，2016，37（7）：34-41.

［61］张军，曲丽洋，许庆瑞 . 不同新颖度知识创造与企业成长动态关系研究——基于华为时间序列数据的探索性案例研究［J］. 科学学研究，2016，34（9）：1381-1390.

［62］李巍，许晖 . 企业家特质、能力升级与国际新创企业成长［J］. 管理学报，2016，13（5）：715-724.

［63］池仁勇，陈洁 . 中小企业成长指数评价及其实证研究［J］. 科技进步与对策，2009（16）：118-121.

［64］刘曜，干胜道 . 企业成长：定义及测度［J］. 软科学，2011（2）：141-144.

［65］张玉明，段升森 . 中小企业成长能力评价体系研究［J］. 科研管理，2012（7）：98-105.

［66］宋正刚，牛芳 . 企业成长性的界定及其评价研究述评［J］. 现代管

理科学，2015（6）：109–111.

［67］慕静，韩文秀，李全生 . 基于主成分分析法的中小企业成长性评价模型及其应用［J］. 系统工程理论方法应用，2005（4）：369–371.

［68］荆浩，赵希男，从少平 . 成长型科技中小企业识别研究［J］. 管理评论，2007，19（9）：3–7.

［69］刘金林 . 创业板上市企业成长性评价指标体系的设计及实证研究［J］. 宏观经济研究，2011（8）：56–64.

［70］冯昀，郭洪涛 . 创业板上市民营企业成长性综合评价［J］. 统计与决策，2013（19）：175–178.

［71］陈晓红，佘坚，邹湘娟 . 中小上市公司成长性评价方法比较研究［J］. 科研管理，2006（1）：145–151.

［72］陈守东，陶治会 . 基于突变级数的创业板成长性研究［J］. 证券市场导报，2013（4）：50–54.

［73］王广勇，赵长林 . 企业竞争优势理论新认识：基于演化理论（ET）视角［J］. 湖北社会科学，2008（9）：96–98.

［74］Wemerfelt. A Resource–Based View Of Firm［J］. Strategic Management Journal，1984，5（2）：171–180.

［75］Prahalad C K，Hamel G. The Core Competence of the Corporation［J］. Harvard Business Review，2010，68（3）：275–292.

［76］陈晓东，陈传明 . 战略调整中核心能力的刚性特征及其超越［J］. 南京社会科学，2005（3）：19–25.

［77］Teece D J，Pisano G，Shuen. Dynamic capabilities and strategic managemet［J］. Strategic Managemet Journal，1997，18（7）：509–533.

[78] Delmar F，Shane S. Does business planning facilitate the development of new ventures? [J] . Strategic Management Journal，2003（24）：1165–1185.

[79] Senderovitz M，Klyver K. Four years on：are the gazelles still running? A longitudinal study of firm performance after a period of rapid growth [J] . International Small Business Journal，2016（34）：391–411.

[80] Coad A，Daunfeldt S O，Johansson D. Whom do high–growth firms hire? [J] . Industrial and Corporate Change，2014（23）：293–327.

[81] Nightingale P，Coad A. Muppets and gazelles：political and methodological biases in entrepreneurship research [J] . Industrial and Corporate Change，2014，23（1）：forthcoming.

[82] Birch，David G W. The Job Generation Process [M] . Social Science Electronic Publishing，1979.

[83] Acs Z J，Mueller P. Employment effects of business dynamics：mice，gazelles and elephants [J] . Small Business Economics，2008，30（1）：85–100.

[84] Halabisky D，Dreessen E，Parsley C. Growth in firms in Canada，1985—1999 [J] . Journal of Small Business & Entrepreneurship，2006，19（3）：255–267.

[85] Henrekson M，Johansson D. Gazelles as job creators：a survey and interpretation of the evidence [J] . Small Business Economics，2010，35（2）：227–244.

[86] Shane S. Why encouraging more people to become entrepreneurs is bad

public policy [J] . Small Business Economics，2009，33（2）：141-149.

[87] Hölzl W. Is the R&D behaviour of fast-growing SMEs different? Evidence from CIS III data for 16 countries [J] . Small Business Economics，2009，33（1）：59-75.

[88] European Commission. Europe 2020：A Strategy for Smart，Sustainable and Inclusive Growth：Communication From the Commission [M] . Brussels，Belgium：European Commission Publications Office，2010.

[89] Eurostat-OECD. Eurostat-OECD Manual on Business Demography Statistics [M] . Luxembourg：Office for Official Publications of the European Communities，2007.

[90] Delmar F, Davidsson P, Gartner W B. Arriving at the high-growth firm[J]. Journal of Business Venturing，2003，18（2）：189-216.

[91] Shepherd D. Are we comparing apples with apples or apples with oranges? appropriateness of knowledge accumulation across growth studies [J] . Entrepreneurship Theory & Practice，2010，33（1）：105-123.

[92] Haltiwanger J，Jarmin R S，Miranda J. Who creates jobs? Small vs. large vs. young [J] . Social Science Electronic Publishing，2010，4（2）：267-343.

[93] Bjuggren C M，Daunfeldt S O，Johansson D. High-growth firms and family ownership [J] . Journal of Small Business & Entrepreneurship，2013，26（4）：365-385.

[94] Acs Z J，Mueller P. Employment effects of business dynamics：mice，gazelles and elephants [J] . Small Business Economics，2008，30（1）：

85-100.

[95] Bravo-Biosca A. Growth dynamics: exploring business growth and contrac-tion in Europe and the US [Z] . NESTA: London, UK: 2010.

[96] Powell W W, Sandholtz K W. Amphibious entrepreneurs and the emergence of organizational forms [J] . Strategic Entrepreneurship Journal, 2012 (6) : 94- 115.

[97] Daunfeldt S O, Elert N, Johansson D. The economic contribution of high-growth firms: do policy implications depend on the choice of growth indicator? [J]. Journal of Industry, Competition and Trade, 2014(14): 337- 365.

[98] Coad A, Daunfeldt S O, Hölzl W. High-growth firms: introduction to the special section [J] . Industrial and Corporate Change, 2014 (23) : 91-112.

[99] Daunfeldt S O, Elert N, Johansson D. Journal of Industry, Competition and Trade [J] . The economic contribution of high-growth firms: do policy implications depend on the choice of growth indicator? 2014, 14 (3) : 337- 365.

[100] Coad A. Exploring the processes of firm growth: evidence from a vector auto-regression [J] . Industrial and Corporate Change, 2010, 19 (6) : 1677- 1703.

[101] Almus M. What characterizes a fast-growing firm? [J] . Applied Economics, 2002, 34 (12) : 1497-1508.

[102] Holzl W. Persistence, survival, and growth: A closer look at 20 years of fast-growing firms in Austria [J] . Industrial and Corporate Change,

2013，23（1）：199–231.

[103] Daunfeldt S，Halvarsson D. Are high–growth firms one–hit wonders? Evidence from Sweden [J] . Small Business Economics，2015，44 (2) : 361– 383.

[104] Ryzhkova N. Does online collaboration with customers drive innovation performance? [J] . Journal of Service Theory and Practice，2015 (25) : 327– 347.

[105] Du J，Temouri Y. High–growth firms and productivity：evidence from the United Kingdom [J] . Small Business Economics，2015，44（1）: 123–143.

[106] Birch D L，Gazelles. M J. Labor markets，employment policy and job creation [J] . Boulder：Westview，1994：159–167.

[107] Achtenhagen L，Naldi L，Melin L. "Business growth" –do practitionersand scholars really talk about the samething [J] . Entrepreneurship Theory and Pactice，2010，34（2）：289–316.

[108] Senderovitz M，Klyver K. The Growth–Profitability Relationship–strategic orientation as moderator [J] . Proceedings of Agse International Entrepren–urship Research Exchange，2010：479–491.

[109] Ahmad N. A Proposed Framework for Business Demography Statistics [M] . Springer US，2008.

[110] 田红云，Anton Kriz，David Cunneen，等 . 高成长性企业测度与界定标准研究 [J] . 科技进步与对策，2014（7）：106–113.

[111]Bottazzi G，Secchi A. Explaining the distribution of firms growth rates[J]. Rand Journal of Economics，2010，37（2）：235–256.

[112] Storey D J. Understanding the small business sector [M]. UK: Social Science Electronic Publishing, 1994.

[113] Daunfeldt S O, Dan J, Halvarsson D. Using the eurostat-oecd definition of high-growth firms: a cautionary note [J]. Journal of Entrepreneurship & Public Policy, 2015, 4 (1): 50-56.

[114] Daunfeldt S, Elert N, Johansson D. The Economic Contribution of High-Growth Firms: Do Policy Implications Depend on the Choice of Growth Indicator? [J]. Journal of Industry, Competition and Trade, 2014, 14 (3): 337-365.

[115] Hölzl W. Persistence, survival, and growth: a closer look at 20 years of fast-growing firms in Austria[J]. Wifo Working Papers, 2011, 23(1): 199-231.

[116] Mason C, Brown R. Creating good public policy to support high-growth firms [J]. Small Business Economics, 2013, 40 (2): 211-225.

[117] Demir R, Wennberg K, McKelvie A. The Strategic Management of High-Growth Firms: A Review and Theoretical Conceptualization [J]. Long Range Planning, 2017, 50 (4): 431-456.

[118] Coff R, Raffiee J. Toward a Theory of Perceived Firm-Specific Human Capital [J]. Academy of Management Perspectives, 2015, 29 (3): 326-341.

[119] Nason R S, McKelvie A, Lumpkin G T. The role of organizational size in the heterogeneous nature of corporate entrepreneurship [J]. Small Business Economics, 2015 (45): 279-304.

[120] Keen C, Etemad H. Rapid growth and rapid internationalization: the

case of smaller enterprises from Canada [J] . Management Decision, 2012 (50) : 569- 590.

[121] Sapprasert K, Clausen T H. Organizational innovation and its effects [J]. Industrial and Corporate Change, 2012 (21) : 1283–1305.

[122] Barbero J L, Casillas J C, Feldman H D. Managerial Capabilities and Paths to Growth as Determinants of High- Growth Small and Medium-Sized Enterprises[J]. International Small Business Journal, 2011(29): 671–694.

[123] Daunfeldt S O, Elert N. Are High–Growth Firms Overrepresented in High–Tech Industries[J]. Industrial and Corporate Change, 2016(25): 1–21.

[124] 2016 深圳德勤 20 强高成长要素 [J] . 经理人, 2016 (11) : 24–25.

[125] Davidsson P, Steffens P, Fitzsimmons J. Growing profitable or growing from profits: putting the horse in front of the cart? [J] . Journal of Business Venturing, 2009, 24 (4) : 388–406.

[126] Delmar F, McKelvie A, Wennberg K. Untangling the relationships among growth, profitability and survival in new firms [J] . Technovation, 2013, 33 (8) : 276–291.

[127] Coad A, Rao R, Tamagni F. Growth processes of Italian manufacturing firms [J]. Structural Change and Economic Dynamics, 2011, 22 (1) : 54–70.

[128] Bianchini S, Bottazzi G, Tamagni F. What does (not) characterize persistent corporate high–growth? [J] . Small Business Economics,

2017，48（3）：1–24.

［129］Mckelvie A，Wiklund J. Advancing firm growth research：a focus on growth mode instead of growth rate［J］. Entrepreneurship Theory & Practice，2010，34（2）：261–288.

［130］Spearot A C. Firm heterogeneity，new investment and acquisitions［J］. Journal of Industrial Economics，2012，60（1）：1–45.

［131］Coad A. A closer look at serial growth rate correlation［J］. Review of Industrial Organization，2007，31（1）：69–82.

［132］Santarelli E，Vivarelli M. Entrepreneurship and the process of firms entry，survival and growth［J］. Industrial and Corporate Change，2007，16（3）：455–488.

［133］Haltiwanger J，Jarmin R S，Miranda J. Who creates jobs? small vs. large vs. young.［J］. Social Science Electronic Publishing，2010，4（2）：267–343.

［134］Coad A，Rao R. Innovation and firm growth in high–tech sectors：A quantile regression approach［J］. Research Policy，2008，37（4）：633–648.

［135］Michaela Niefert M N. Patenting behaviour and employment growth in german start–up firms a panel data analysis［J］. Zew Discussion Papers，2005，126（11）：214–240.

［136］Stam E，Wennberg K. The roles of R&D in new firm growth［J］. Small Business Economics，2009，33（1）：77–89.

［137］Coad A，Rao R. The firm–level employment effects of innovations in high–tech US manufacturing industries［J］. Journal of Evolutionary

Econom -ics，2011，21（2）：255–283.

[138] Hall B，Ifs W. Employment，innovation and productivity：evidence from Italian microdata [J] . Industrial and Corporate Change，2008，17（4）：813–839.

[139] Albort–Morant G，Oghazi P. How useful are incubators for new entrepreneurs? [J] . Journal of Business Research，2016，69（6）：2125–2129.

[140] Hansen M T，Nohria N，Berger J A. The State of the Incubator Markets –pace [M] . Boston，MA：Harvard Business School，2000.

[141] Pauwels C，Clarysse B，Wright M，et al. Understanding a new generation incubation model：the accelerator [J] . Technovation，2016，50–51：13–24.

[142] Price R. The role of Service Providers in Establishing Networked Regional Business Accelerators in Utah [J] . Technology Management，2004，27（5）：465–474.

[143] Malek K，Maine E，McCarthy I P. A typology of clean technology commercialization accelerators [J] . Journal of Engineering and Technology Management，2014（32）：26–39.

[144] 何科方，钟书华 . 企业加速器：概念、特征及意义 [J] . 科学管理研究，2008（5）：33–36.

[145] 何科方，钟书华 . 中国企业加速器发展路径研究 [J] . 科研管理，2012（1）：112–119.

[146] 汪艳霞，钟书华 . 从企业孵化器到企业加速器：缘起、演进及走向 [J] . 当代经济管理，2014（4）：10–16.

[147] 王胜光，程郁 . 企业的成长动力机制及“加速器”的作用机理 [J] .

科学学与科学技术管理，2009（5）：130–135.

[148]胡海青，李浩．加速器支持、环境动态性与瞪羚企业突破式创新[J].科研管理，2015（12）：47–55.

[149] Wadho W，Chaudhry A. Innovation and firm performance in developing countries：The case of Pakistani textile and apparel manufacturers [J]. Research Policy，2018，47（7）：1283–1294.

[150] Fu X，Mohnen P，Zanello G. Innovation and productivity in formal and informal firms in Ghana [J]. Technological Forecasting and Social Change，2018（131）：315–325.

[151] Bala Subrahmanya M H. Innovation and growth of engineering SMEs in Bangalore：Why do only some innovate and only some grow faster? [J]. Journal of Engineering and Technology Management，2015（36）：24–40.

[152] Howell A. Firm R&D，innovation and easing financial constraints in China：Does corporate tax reform matter? [J]. Research Policy，2016，45（10）：1996–2007.

[153] Gharbi S，Sahut J，Teulon F. R&D investments and high–tech firms' stock return volatility [J]. Technological Forecasting and Social Change，2014（88）：306–312.

[154] Aziz N N A，Samad S. Innovation and Competitive Advantage：Moderating Effects of Firm Age in Foods Manufacturing SMEs in Malaysia [J]. Procedia Economics and Finance，2016（35）：256–266.

[155] Cefis E，Orsenigo L. The persistence of innovative activities：A cross–countries and cross–sectors comparative analysis [J]. Research

Policy，2001，30（7）：1139–1158.

[156] Bottazzi G，Dosi G，Lippi M，et al. Innovation and corporate growth in the evolution of the drug industry [J]. International Journal of Industrial Organization，2001，19（7）：1161–1187.

[157] Arkolakis C，Papageorgiou T，Timoshenko O A. Firm learning and growth [J]. Review of Economic Dynamics，2018（27）：146–168.

[158] Grillitsch M，Schubert T，Srholec M. Knowledge base combinations and firm growth [J]. Research Policy，2019，48（1）：234–247.

[159]Chauvet L，Ehrhart H. Aid and growth: evidence from firm–level data[J]. Journal of Development Economics，2018（135）：461–477.

[160] Buldyrev S V，Salinger M A，Stanley H E. A statistical physics implementa–tion of Coase's theory of the firm [J]. Research in Economics，2016，70（4）：536–557.

[161] Coad A，Daunfeldt S O，Hölzl W，et al. High–growth firms: introduction to the special section [J]. Industrial & Corporate Change，2014，23（1）：91–112.

[162] Almus M. What characterizes a fast–growing firm? [J]. Applied Economics，2002，34（12）：1497–1508.

[163] Daunfeldt S，Elert N，Johansson D. The Economic Contribution of High–Growth Firms: Do Policy Implications Depend on the Choice of Growth Indicator? [J]. Journal of Industry，Competition and Trade，2014，14（3）：337–365.

[164] Rnqvist L，PenttiVartia，Vartia Y O. How Should Relative Changes be Measured? [J]. American Statistician，1985，39（1）：43–46.

[165] Hölzl W. Persistence，survival，and growth：a closer look at 20 years of fast-growing firms in Austria [J]. Wifo Working Papers，2011，23（1）：199- 231.

[166] Henrekson M，Dan J. Gazelles as job creators：a survey and interpretation of the evidence [J]. Social Science Electronic Publishing，2010，35（2）：227- 244.

[167] Daunfeldt S O，Halvarsson D. Are high-growth firms one-hit wonders? Evidence from Sweden [J]. Small Business Economics，2015，44（2）：361- 383.

[168] 吴中超 . 中国农村商业银行可持续成长：测度与评价 [D]. 西南财经大学企业管理，2012.

[169] 刘斌，葛兆强 . 商业银行成长：理论内涵与成长机理分析 [J]. 当代财经，2007（6）：40-49.

[170] 郭韬，王宏宇，史竹青 . 企业成长三维模型研究 [J]. 科技进步与对策，2011（8）：88-91.

[171] 刘斌，葛兆强 . 商业银行成长：理论内涵与成长机理分析 [J]. 当代财经，2007（6）：40-49.

[172] 袁帅 . B 公司规模扩张战略研究 [D]. 深圳大学，2017.

[173] 傅家骥 . 技术创新学 [M]. 北京：清华大学出版社，1998.

[174] 赵志强，杨建飞 . 企业技术创新能力及其提升途径 [J]. 河南科技大学学报（社会科学版），2011，29（5）：78-81.

[175] 严太华，刘焕鹏 . 自主研发与知识积累：基于金融发展视角的门限模型研究 [J]. 中国管理科学，2015，23（5）：73-81.

[176] 孙海荣 . 专利战略竞争优势——内生论和外生论视角 [J]. 中国科

技论坛，2017（1）：94–102.

［177］尹猛基，向希尧．专利竞争优势研究综述［J］．商业研究，2008（11）：70–72.

［178］吴红，付秀颖，董坤．专利质量评价指标——专利优势度的创建及实证研究［J］．图书情报工作，2013，57（23）：79–84.

［179］Ko K K B T. Analytic collaboration in virtual innovation projects［J］. Journal of Business Research，2011，64（12）：1327–1334.

［180］杨武，田雪姣．中国高技术产业发展的科技创新驱动效应测度研究［J］．管理学报，2018，15（8）：1187–1195.

［181］陈琦．基于技术核心能力的高技术企业成长机理及其模式研究［D］．中南大学，2009.

［182］肖兴志，何文韬，郭晓丹．能力积累、扩张行为与企业持续生存时间——基于我国战略性新兴产业的企业生存研究［J］．管理世界，2014（2）：77–89.

［183］杨蕙馨，王嵩．技术创新能力对中小企业成长性的影响研究——以中小板制造业上市公司为例［J］．东岳论丛，2013（2）：106–111.

［184］Lakonishok J，Sougiannis T. The Stock Market Valuation of Research and Development Expenditures［J］. Journal of Finance，2001，56（6）：2431–2456.

［185］Chambers D，Jennings R，Ii R B T. Excess Returns to R&D–Intensive Firms［J］. Review of Accounting Studies，2002，7（2–3）：133–158.

［186］林青宁，毛世平．中国高新技术企业研发效率及影响因素研究［J］.

经济经纬，2018，35（2）：99–106.

[187] Hausman J A. Specification Tests in Econometrics [J] . Econometrica, 1978，46（6）：1251–1271.

[188] 刘长庚，许明，刘一蓓 . 员工获得了“公平”的劳动所得吗——基于中国工业企业数据库的测度与验证 [J] . 中国工业经济，2014（11）：128–140.

[189] Brouwer E，Kleinknecht A，Reijnen J O N. Employment growth and innovation at the firm level [J] . Journal of Evolutionary Economics, 1993，3（2）：153–159.

[190] Nunes P M，Serrasqueiro Z，Leitão J. Is there a linear relationship between R&D intensity and growth? Empirical evidence of non–high–tech vs. high–tech SMEs [J] . Research Policy，2012，41（1）：36–53.

[191] 陈晓红，李喜华，曹裕 . 技术创新对中小企业成长的影响——基于我国中小企业板上市公司的实证分析 [J] . 科学学与科学技术管理，2009（4）：91–98.

[192] 贾生华，邬爱其 . 企业成长的知识结构模型及其启示 [J] . 科研管理，2003（2）：83–88.

[193] J B R. Economic Growth in a Cross Section of Countries [J] . The Quarterly Journal of Economics，1991，106（2）：407–443.

[194] Begenau J，Farboodi M，Veldkamp L. Big data in finance and the growth of large firms [J] . Journal of Monetary Economics，2018（97）：71–87.

[195] Calvino F，Criscuolo C，Menon C，et al. Growth volatility and size：A firm–level study [J] . Journal of Economic Dynamics and Control，2018

（90）：390–407.

［196］Bergbrant M C，Hunter D M，Kelly P J. Rivals' competitive activities，capital constraints，and firm growth［J］. Journal of Banking & Finance，2018（97）：87–108.

［197］Ibhagui O W，Olokoyo F O. Leverage and firm performance：New evidence on the role of firm size［J］. The North American Journal of Economics and Finance，2018（45）：57–82.

［198］杨武，田雪姣 . 基于 SQI 模型的企业加速成长测度研究——以创业板上市企业为例［J］. 软科学，2018，32（4）：54–57.

［199］俞惠容 . 民营企业扩张性财务风险研究［D］. 华东理工大学，2016.

［200］鲍新中，李晓非 . 基于时序数据的高技术企业成长性分析［J］. 科学学研究，2010（2）：275–281.

［201］Cox D R. Regression models and life–tables.［J］. Journal of the Royal Statistical Society，1972，34（2）：187–220.

［202］Cox D R. Partial likelihood［J］. Biometrika，1975，62（2）：269–276.

［203］G é mar G，Moniche L，Morales A J. Survival analysis of the Spanish hotel industry［J］. Tourism Management，2016（54）：428–438.

［204］Zhang Q，Shi Y，He A，et al. Property rights security and firm survival：Micro–data evidence from China［J］. China Economic Review，2017（44）：296– 310.

［205］Colombelli A，Krafft J，Quatraro F. Properties of knowledge base and firm survival：Evidence from a sample of French manufacturing firms［J］.

Technological Forecasting and Social Change，2013，80（8）：1469-1483.

［206］鲍新中，陶秋燕，傅宏宇．基于变量聚类和 COX 比例风险模型的企业财务预警研究［J］．系统管理学报，2015，24（4）：517-529.

［207］马超群，何文．基于 Cox 的财务困境时点预测模型研究［J］．统计与决策，2010（21）：38-42.

［208］逯宇铎，戴美虹，刘海洋．融资约束降低了中国研发企业的生存概率吗？［J］．科学学研究，2014（10）：1476-1487.

［209］王小鲁，樊纲，余静文．中国市场化指数报告［M］．北京：社会科学文献出版社，2016.

［210］杨武，田雪姣．技术创新、市场化进程与企业兴衰［J］．科学学研究，2018，36（9）：1686-1693.

［211］鲍新中，陶秋燕，傅宏宇．基于变量聚类和 COX 比例风险模型的企业财务预警研究［J］．系统管理学报，2015，24（4）：517-529.

［212］申淑静，杨增雄．R&D 投入与企业成长的相关性研究述评［J］．经济研究导刊，2013（35）：24-34.

［213］张军，许庆瑞．知识积累、创新能力与企业成长关系研究［J］．科学学与科学技术管理，2014，35（8）：86-95.

［214］马佳琴，冒乔玲．技术创新对中小企业成长影响的文献综述——基于特定公司治理环境的视角［J］．科技管理研究，2014（8）：191-195.

附录 A　创业板上市制造企业市值加速成长指数排名

排名	公司	Q2015	Q2016	Q2017	Q 平均
1	公司 1	29.118	50.269	100.000	100.000
2	公司 2	10.928	15.318	71.018	56.064
3	公司 3	40.221	57.435	1.200	43.402
4	公司 4	−5.852	100.000	−54.508	36.929
5	公司 5	−61.957	9.223	47.459	33.976
6	公司 6	5.931	0.570	25.279	16.549
7	公司 7	23.050	28.367	−11.615	13.883
8	公司 8	2.202	8.258	4.453	8.790
9	公司 9	4.372	2.755	10.297	8.622
10	公司 10	24.659	8.443	2.379	8.515
11	公司 11	27.879	1.265	9.494	7.990
12	公司 12	86.309	−1.058	8.412	7.983
13	公司 13	−51.801	19.577	−6.900	7.579
14	公司 14	58.531	0.543	6.780	6.991
15	公司 15	8.303	2.934	6.982	6.821
16	公司 16	82.221	−1.644	6.295	6.069
17	公司 17	41.477	−1.088	6.218	4.791
18	公司 18	21.352	18.489	−15.058	4.590
19	公司 19	−50.557	8.547	0.768	4.572
20	公司 20	59.831	16.724	−15.623	4.510
21	公司 21	10.035	24.711	−21.863	4.303
22	公司 22	11.307	4.035	1.144	4.055

续表

排名	公司	Q2015	Q2016	Q2017	Q 平均
23	公司 23	14.842	7.495	–3.816	3.547
24	公司 24	17.904	1.734	2.213	3.347
25	公司 25	–12.156	7.756	–2.904	3.230
26	公司 26	52.583	–0.153	1.884	3.176
27	公司 27	28.361	4.468	–1.862	3.153
28	公司 28	52.566	4.832	–3.828	3.143
29	公司 29	45.767	–2.414	4.330	2.827
30	公司 30	12.170	12.912	–10.947	2.825
31	公司 31	25.486	3.856	–1.525	2.813
32	公司 32	26.465	14.735	–14.100	2.715
33	公司 33	42.354	2.845	–1.713	2.647
34	公司 34	25.576	–1.522	4.234	2.598
35	公司 35	8.202	2.430	0.756	2.539
36	公司 36	56.101	4.740	–4.917	2.533
37	公司 37	23.338	4.712	–3.019	2.400
38	公司 38	31.144	5.344	–4.259	2.383
39	公司 39	70.031	0.194	–0.879	2.383
40	公司 40	2.904	1.011	2.449	2.380
41	公司 41	35.735	1.495	–0.273	2.324
42	公司 42	15.211	3.656	–1.618	2.202
43	公司 43	24.211	4.006	–2.890	2.011
44	公司 44	78.028	–2.275	0.810	2.000
45	公司 45	55.210	4.094	–5.045	1.957
46	公司 46	0.871	–0.064	3.073	1.923
47	公司 47	31.330	1.890	–1.356	1.748
48	公司 48	11.453	2.964	–1.540	1.606
49	公司 49	–64.137	18.308	–14.262	1.548
50	公司 50	100.000	–0.207	–3.696	1.520
51	公司 51	27.339	0.026	0.508	1.430
52	公司 52	39.135	–2.429	2.406	1.341
53	公司 53	29.407	–0.489	0.801	1.329
54	公司 54	56.941	4.843	–7.022	1.316
55	公司 55	12.846	4.447	–3.863	1.260
56	公司 56	36.125	0.917	–1.401	1.216
57	公司 57	35.048	0.835	–1.331	1.159
58	公司 58	12.060	0.280	0.724	1.137
59	公司 59	20.407	0.704	–0.297	1.131
60	公司 60	29.469	0.233	–0.386	1.100
61	公司 61	21.280	0.687	–0.499	1.027
62	公司 62	31.702	1.084	–1.652	1.001

续表

排名	公司	Q2015	Q2016	Q2017	Q 平均
63	公司 63	85.385	2.361	−6.601	0.944
64	公司 64	−0.512	1.891	−0.627	0.936
65	公司 65	0.785	0.181	1.207	0.920
66	公司 66	21.458	6.099	−6.836	0.915
67	公司 67	35.780	6.400	−8.148	0.875
68	公司 68	20.895	−0.314	0.421	0.874
69	公司 69	19.590	−0.058	0.151	0.836
70	公司 70	19.936	−0.692	0.832	0.825
71	公司 71	67.286	−0.195	−2.763	0.809
72	公司 72	7.426	1.277	−0.670	0.788
73	公司 73	23.421	−0.340	0.122	0.769
74	公司 74	12.307	2.773	−2.779	0.725
75	公司 75	23.786	0.172	−0.573	0.712
76	公司 76	19.103	0.194	−0.372	0.667
77	公司 77	42.231	−1.443	−0.012	0.648
78	公司 78	5.062	3.223	−2.955	0.646
79	公司 79	17.423	−0.015	−0.063	0.645
80	公司 80	9.456	0.316	0.062	0.643
81	公司 81	2.081	1.165	−0.455	0.630
82	公司 82	54.788	−2.013	−0.216	0.614
83	公司 83	−5.594	4.342	−3.620	0.602
84	公司 84	18.527	3.202	−3.898	0.575
85	公司 85	14.172	0.991	−1.112	0.574
86	公司 86	18.075	1.014	−1.412	0.558
87	公司 87	6.779	1.483	−1.363	0.473
88	公司 88	39.379	−1.774	0.213	0.439
89	公司 89	10.609	−0.027	0.048	0.435
90	公司 90	23.694	1.218	−2.210	0.425
91	公司 91	21.645	1.167	−2.025	0.424
92	公司 92	6.649	0.167	0.050	0.416
93	公司 93	26.641	−0.311	−0.698	0.402
94	公司 94	14.550	2.209	−2.840	0.373
95	公司 95	20.218	0.236	−1.037	0.324
96	公司 96	−18.985	8.168	−7.575	0.313
97	公司 97	11.036	−2.202	2.296	0.312
98	公司 98	20.376	0.375	−1.225	0.311
99	公司 99	18.961	6.039	−7.573	0.308
100	公司 100	26.230	−0.652	−0.454	0.296
101	公司 101	21.930	−0.721	−0.112	0.290
102	公司 102	9.772	0.310	−0.523	0.283

续表

排名	公司	Q2015	Q2016	Q2017	Q 平均
103	公司 103	6.506	0.976	−1.121	0.252
104	公司 104	12.945	−0.284	−0.110	0.244
105	公司 105	8.610	1.321	−1.659	0.244
106	公司 106	13.189	−0.073	−0.392	0.228
107	公司 107	25.856	−1.130	−0.014	0.217
108	公司 108	70.662	−3.468	−0.204	0.215
109	公司 109	5.322	3.277	−3.725	0.210
110	公司 110	10.813	3.031	−3.794	0.210
111	公司 111	11.815	2.089	−2.837	0.179
112	公司 112	22.776	1.059	−2.367	0.177
113	公司 113	36.144	−1.165	−0.709	0.165
114	公司 114	9.365	0.061	−0.404	0.163
115	公司 115	20.381	−0.363	−0.640	0.152
116	公司 116	10.754	1.667	−2.339	0.149
117	公司 117	39.385	3.127	−5.830	0.139
118	公司 118	12.150	13.594	−16.076	0.085
119	公司 119	23.289	0.673	−2.109	0.084
120	公司 120	10.178	0.120	−0.650	0.083
121	公司 121	1.875	−0.717	0.822	0.080
122	公司 122	11.179	−0.079	−0.501	0.074
123	公司 123	−0.526	0.596	−0.533	0.069
124	公司 124	12.282	−0.129	−0.542	0.058
125	公司 125	11.675	1.085	−1.881	0.058
126	公司 126	12.041	−0.163	−0.515	0.041
127	公司 127	2.582	0.197	−0.328	0.037
128	公司 128	17.015	−0.554	−0.403	0.031
129	公司 129	42.425	−0.949	−1.567	0.030
130	公司 130	18.604	−0.613	−0.443	0.026
131	公司 131	15.714	0.234	−1.223	0.025
132	公司 132	18.994	−0.324	−0.828	0.006
133	公司 133	8.681	0.331	−0.923	0.003
134	公司 134	7.936	0.116	−0.633	0.002
135	公司 135	53.753	−1.542	−1.673	−0.008
136	公司 136	34.316	32.310	−38.892	−0.011
137	公司 137	18.788	4.400	−6.210	−0.013
138	公司 138	7.490	2.179	−2.985	−0.022
139	公司 139	0.680	−0.057	−0.031	−0.033
140	公司 140	8.043	0.305	−0.911	−0.034
141	公司 141	24.232	0.504	−2.171	−0.038
142	公司 142	12.823	−0.831	0.053	−0.049

续表

排名	公司	Q2015	Q2016	Q2017	Q 平均
143	公司 143	24.172	−0.852	−0.647	−0.051
144	公司 144	13.049	1.381	−2.481	−0.054
145	公司 145	42.242	−1.691	−0.852	−0.058
146	公司 146	4.805	0.003	−0.420	−0.070
147	公司 147	14.149	3.175	−4.624	−0.075
148	公司 148	14.442	−0.471	−0.504	−0.077
149	公司 149	10.987	−0.183	−0.634	−0.091
150	公司 150	12.420	−0.420	−0.457	−0.092
151	公司 151	7.577	0.331	−1.008	−0.095
152	公司 152	9.769	−0.463	−0.256	−0.102
153	公司 153	6.554	0.004	−0.620	−0.125
154	公司 154	4.806	0.029	−0.545	−0.130
155	公司 155	15.203	−0.620	−0.473	−0.134
156	公司 156	7.636	−0.208	−0.470	−0.139
157	公司 157	9.718	−0.061	−0.786	−0.150
158	公司 158	10.441	−0.450	−0.392	−0.151
159	公司 159	2.581	1.057	−1.617	−0.159
160	公司 160	17.139	−0.686	−0.577	−0.169
161	公司 161	1.766	0.301	−0.734	−0.176
162	公司 162	12.996	−0.228	−0.871	−0.191
163	公司 163	−3.972	0.597	−0.731	−0.192
164	公司 164	64.609	−3.100	−0.894	−0.197
165	公司 165	2.604	3.329	−4.288	−0.215
166	公司 166	14.386	1.902	−3.418	−0.217
167	公司 167	21.091	0.150	−1.856	−0.218
168	公司 168	4.074	−0.199	−0.400	−0.231
169	公司 169	11.872	−0.452	−0.646	−0.255
170	公司 170	4.931	0.654	−1.475	−0.264
171	公司 171	12.734	0.473	−1.803	−0.288
172	公司 172	16.592	−1.033	−0.349	−0.295
173	公司 173	18.308	1.162	−2.955	−0.297
174	公司 174	6.236	2.101	−3.275	−0.310
175	公司 175	1.085	1.273	−2.038	−0.329
176	公司 176	27.763	−1.201	−0.939	−0.340
177	公司 177	9.887	0.060	−1.248	−0.347
178	公司 178	−33.365	0.398	1.091	−0.361
179	公司 179	0.445	1.035	−1.782	−0.364
180	公司 180	12.555	12.641	−15.744	−0.371
181	公司 181	10.908	2.264	−3.874	−0.383
182	公司 182	−7.838	0.536	−0.746	−0.399

续表

排名	公司	Q2015	Q2016	Q2017	Q 平均
183	公司 183	16.994	−0.672	−0.956	−0.403
184	公司 184	2.017	−0.162	−0.603	−0.415
185	公司 185	−16.008	−0.028	0.358	−0.435
186	公司 186	−18.781	3.659	−3.667	−0.443
187	公司 187	−7.780	−0.149	−0.061	−0.456
188	公司 188	0.690	4.981	−6.427	−0.457
189	公司 189	13.111	13.574	−16.984	−0.463
190	公司 190	−5.122	0.150	−0.641	−0.500
191	公司 191	6.166	−0.479	−0.647	−0.503
192	公司 192	16.575	1.283	−3.333	−0.518
193	公司 193	22.683	0.220	−2.530	−0.529
194	公司 194	11.765	0.847	−2.550	−0.529
195	公司 195	5.109	−0.509	−0.645	−0.565
196	公司 196	3.866	0.631	−1.863	−0.566
197	公司 197	−90.428	4.431	−0.226	−0.587
198	公司 198	6.359	−0.014	−1.326	−0.590
199	公司 199	7.191	−1.030	−0.248	−0.605
200	公司 200	24.260	−0.053	−2.503	−0.644
201	公司 201	21.860	−2.054	−0.116	−0.668
202	公司 202	9.385	−0.647	−1.008	−0.722
203	公司 203	36.257	−2.608	−0.544	−0.758
204	公司 204	−6.698	−0.282	−0.647	−0.876
205	公司 205	−4.667	8.552	−10.856	−0.906
206	公司 206	−2.092	0.245	−1.692	−0.973
207	公司 207	20.082	−0.592	−2.198	−1.004
208	公司 208	−22.763	3.398	−4.025	−1.014
209	公司 209	−4.208	3.547	−5.477	−1.080
210	公司 210	29.750	−2.175	−1.236	−1.143
211	公司 211	4.425	−1.090	−1.050	−1.263
212	公司 212	−9.932	−0.326	−1.097	−1.320
213	公司 213	−19.944	0.838	−1.807	−1.335
214	公司 214	−1.662	−1.019	−0.881	−1.349
215	公司 215	8.283	−1.141	−1.383	−1.355
216	公司 216	−23.364	−0.419	−0.345	−1.449
217	公司 217	18.429	−1.659	−1.713	−1.527
218	公司 218	−24.587	−0.152	−0.842	−1.621
219	公司 219	−23.562	−0.326	−0.861	−1.715
220	公司 220	−15.637	−0.605	−1.346	−1.904
221	公司 221	−14.805	−0.012	−2.118	−1.932
222	公司 222	−30.822	0.397	−1.742	−2.044

续表

排名	公司	Q2015	Q2016	Q2017	Q 平均
223	公司 223	−23.068	−0.688	−1.521	−2.370
224	公司 224	−35.020	4.222	−6.686	−2.588
225	公司 225	−24.141	−2.009	−0.338	−2.612
226	公司 226	−35.153	5.324	−8.919	−3.211
227	公司 227	−46.551	1.536	−4.011	−3.285
228	公司 228	−72.518	12.939	−15.391	−3.334
229	公司 229	−50.537	−1.440	−0.757	−3.524
230	公司 230	−75.333	1.852	−3.997	−4.200
231	公司 231	−75.855	7.413	−11.664	−5.071
232	公司 232	−34.506	−1.621	−4.962	−5.658
233	公司 233	−90.298	1.037	−4.867	−5.928
234	公司 234	−63.866	3.447	−11.692	−7.443
235	公司 235	−208.302	−0.347	−1.709	−9.641

附录 B　企业规模维度（*S*）加速指数排名情况

排名	公司	加速指数（2015）	加速指数（2016）	加速指数（2017）	三年平均加速指数
1	公司 1	−1.594	100.000	−74.768	100.000
2	公司 2	16.526	29.669	5.186	39.704
3	公司 3	1.806	−0.149	100.000	16.550
4	公司 4	12.923	10.985	−32.816	11.350
5	公司 5	62.760	−2.129	−50.986	10.140
6	公司 6	15.699	1.651	6.126	8.039
7	公司 7	2.533	−0.030	2.119	7.845
8	公司 8	3.389	3.127	5.868	5.587
9	公司 9	−1.281	0.059	1.183	5.476
10	公司 10	9.799	0.848	3.008	4.681
11	公司 11	7.452	0.290	10.558	4.493
12	公司 12	18.516	5.178	−47.402	4.312
13	公司 13	0.786	0.737	6.486	3.196
14	公司 14	35.346	−5.818	−12.177	3.177
15	公司 15	3.021	0.436	8.116	2.798
16	公司 16	0.787	0.165	14.355	2.760
17	公司 17	4.722	1.873	−6.135	2.681
18	公司 18	3.498	0.988	2.519	2.675
19	公司 19	32.547	−6.804	−4.116	2.440
20	公司 20	10.692	−1.126	0.824	2.401
21	公司 21	4.316	0.550	2.031	2.374

续表

排名	公司	加速指数（2015）	加速指数（2016）	加速指数（2017）	三年平均加速指数
22	公司 22	2.922	0.359	5.467	2.252
23	公司 23	12.198	−1.425	−8.428	2.208
24	公司 24	8.337	−1.321	−1.933	2.135
25	公司 25	13.917	−2.151	−0.475	2.105
26	公司 26	2.709	−0.158	6.880	1.827
27	公司 27	2.425	0.632	1.940	1.827
28	公司 28	3.105	0.399	1.306	1.687
29	公司 29	2.736	1.081	−2.711	1.685
30	公司 30	−2.721	1.982	2.013	1.656
31	公司 31	2.437	0.543	0.983	1.576
32	公司 32	1.625	0.475	2.727	1.512
33	公司 33	1.848	0.323	3.247	1.498
34	公司 34	−0.661	1.613	−0.819	1.465
35	公司 35	0.473	0.156	17.766	1.421
36	公司 36	2.353	0.355	1.458	1.413
37	公司 37	0.093	0.128	0.149	1.410
38	公司 38	6.742	−0.591	−1.002	1.403
39	公司 39	0.542	0.060	6.861	1.353
40	公司 40	0.973	−0.068	−0.836	1.313
41	公司 41	−0.307	0.780	3.234	1.298
42	公司 42	0.131	0.763	2.359	1.283
43	公司 43	1.230	0.810	−0.395	1.255
44	公司 44	1.609	0.417	1.205	1.196
45	公司 45	0.566	0.504	2.726	1.195
46	公司 46	0.195	0.155	0.347	1.146
47	公司 47	4.331	−0.086	−1.235	1.136
48	公司 48	2.154	0.180	1.334	1.131
49	公司 49	35.504	−2.948	−18.286	1.122
50	公司 50	−0.373	0.294	5.614	1.112
51	公司 51	0.654	0.826	−0.311	1.096
52	公司 52	1.428	0.357	1.351	1.093
53	公司 53	8.424	−1.048	−3.199	1.091
54	公司 54	18.490	−3.801	−4.677	1.082
55	公司 55	3.493	−0.346	2.211	1.071
56	公司 56	2.362	0.647	−2.864	1.048
57	公司 57	1.128	0.375	1.496	1.036
58	公司 58	1.813	0.238	0.923	1.016
59	公司 59	−0.449	0.679	2.188	0.969
60	公司 60	2.396	0.013	−0.203	0.958

续表

排名	公司	加速指数（2015）	加速指数（2016）	加速指数（2017）	三年平均加速指数
61	公司 61	4.387	0.386	−2.951	0.950
62	公司 62	1.420	0.269	1.064	0.944
63	公司 63	27.389	−4.468	−19.231	0.928
64	公司 64	−8.305	2.798	3.173	0.915
65	公司 65	1.638	0.217	0.777	0.912
66	公司 66	0.468	0.321	2.416	0.906
67	公司 67	0.553	2.313	−11.390	0.895
68	公司 68	1.390	0.266	0.814	0.891
69	公司 69	1.147	0.264	1.084	0.851
70	公司 70	1.869	0.403	−1.649	0.806
71	公司 71	0.451	0.377	1.399	0.800
72	公司 72	−0.514	0.165	4.796	0.789
73	公司 73	0.429	0.301	1.879	0.784
74	公司 74	0.999	0.272	0.225	0.774
75	公司 75	5.347	−0.781	−0.873	0.748
76	公司 76	2.397	−0.287	1.712	0.745
77	公司 77	5.543	−0.911	−0.440	0.736
78	公司 78	0.692	0.396	0.310	0.724
79	公司 79	1.243	0.242	3.902	0.707
80	公司 80	1.290	0.167	0.437	0.685
81	公司 81	1.034	0.179	0.864	0.683
82	公司 82	0.953	0.189	0.921	0.676
83	公司 83	1.743	0.069	0.135	0.676
84	公司 84	0.554	0.025	0.089	0.673
85	公司 85	1.261	0.722	−3.519	0.663
86	公司 86	0.826	0.272	0.516	0.663
87	公司 87	−0.960	0.771	0.684	0.661
88	公司 88	0.814	0.218	0.823	0.647
89	公司 89	0.501	0.293	0.825	0.628
90	公司 90	2.027	−0.045	−0.041	0.613
91	公司 91	1.596	0.002	0.484	0.608
92	公司 92	0.179	0.301	1.232	0.597
93	公司 93	0.245	0.379	0.532	0.593
94	公司 94	0.571	0.226	0.881	0.586
95	公司 95	−1.980	0.701	2.793	0.585
96	公司 96	0.860	0.188	0.529	0.581
97	公司 97	0.818	0.028	1.686	0.574
98	公司 98	0.013	0.270	1.644	0.573
99	公司 99	0.905	0.164	0.515	0.567

续表

排名	公司	加速指数（2015）	加速指数（2016）	加速指数（2017）	三年平均加速指数
100	公司 100	1.109	0.132	0.316	0.566
101	公司 101	0.278	0.282	0.959	0.565
102	公司 102	0.459	0.183	1.235	0.557
103	公司 103	0.880	0.160	0.463	0.546
104	公司 104	0.750	0.288	−0.170	0.545
105	公司 105	0.254	0.250	0.911	0.513
106	公司 106	0.839	0.053	1.080	0.511
107	公司 107	−2.460	0.760	2.905	0.511
108	公司 108	0.077	0.277	0.999	0.498
109	公司 109	−1.765	0.182	1.270	0.492
110	公司 110	0.463	0.212	0.556	0.482
111	公司 111	−0.726	0.183	3.147	0.473
112	公司 112	−0.206	0.423	0.339	0.463
113	公司 113	0.485	0.271	−0.083	0.452
114	公司 114	0.680	0.045	1.086	0.451
115	公司 115	2.571	−0.428	0.506	0.450
116	公司 116	−7.466	1.448	−9.019	0.413
117	公司 117	0.090	0.214	0.869	0.411
118	公司 118	0.280	0.175	0.735	0.408
119	公司 119	0.071	0.168	1.143	0.396
120	公司 120	0.511	0.136	0.421	0.390
121	公司 121	0.712	0.102	0.238	0.389
122	公司 122	0.190	0.182	0.694	0.380
123	公司 123	0.436	0.239	−0.261	0.371
124	公司 124	0.383	0.190	0.174	0.369
125	公司 125	−2.222	0.332	4.469	0.359
126	公司 126	3.835	−0.992	1.268	0.356
127	公司 127	0.422	0.107	0.534	0.346
128	公司 128	0.045	0.192	0.708	0.345
129	公司 129	0.485	0.103	0.424	0.345
130	公司 130	0.277	0.158	0.451	0.343
131	公司 131	−1.080	−0.461	−2.033	0.340
132	公司 132	2.051	−0.312	0.064	0.337
133	公司 133	−0.284	0.432	−0.425	0.323
134	公司 134	0.944	−0.079	0.580	0.317
135	公司 135	0.101	0.157	0.645	0.314
136	公司 136	−0.741	0.792	1.541	0.313
137	公司 137	1.625	0.134	−2.383	0.305
138	公司 138	−0.194	0.217	0.725	0.297

续表

排名	公司	加速指数（2015）	加速指数（2016）	加速指数（2017）	三年平均加速指数
139	公司 139	2.285	0.488	5.600	0.295
140	公司 140	0.470	0.143	-0.144	0.294
141	公司 141	1.064	-0.077	0.170	0.293
142	公司 142	-0.628	0.251	1.300	0.285
143	公司 143	1.916	-0.184	-0.878	0.285
144	公司 144	-0.016	0.157	0.680	0.281
145	公司 145	1.217	-0.071	-0.393	0.260
146	公司 146	0.245	0.136	0.488	0.226
147	公司 147	0.222	0.041	0.624	0.220
148	公司 148	1.377	-0.591	-4.365	0.199
149	公司 149	-0.572	0.262	0.498	0.185
150	公司 150	-0.614	0.199	0.996	0.182
151	公司 151	0.248	0.265	-1.268	0.176
152	公司 152	-0.425	0.254	0.174	0.173
153	公司 153	-1.166	0.296	1.396	0.172
154	公司 154	-0.645	0.161	1.198	0.161
155	公司 155	-0.767	0.213	0.917	0.134
156	公司 156	-0.190	0.101	0.471	0.127
157	公司 157	-0.324	0.127	0.466	0.110
158	公司 158	1.839	0.459	1.838	0.110
159	公司 159	-0.243	0.164	-0.153	0.079
160	公司 160	0.202	-0.084	0.460	0.047
161	公司 161	-0.134	0.058	0.102	0.037
162	公司 162	0.105	0.465	-3.246	0.034
163	公司 163	-0.750	0.162	0.611	0.033
164	公司 164	-3.309	0.642	2.498	0.031
165	公司 165	-2.725	0.727	0.656	0.023
166	公司 166	-0.342	0.135	-0.110	0.021
167	公司 167	-0.918	0.181	0.735	0.018
168	公司 168	-1.398	0.233	1.309	0.011
169	公司 169	-0.827	0.143	0.623	-0.012
170	公司 170	-0.254	0.423	-2.576	-0.023
171	公司 171	-0.741	0.165	0.184	-0.030
172	公司 172	-0.296	0.045	0.099	-0.031
173	公司 173	-1.268	0.148	1.342	-0.036
174	公司 174	-0.314	-0.046	0.552	-0.066
175	公司 175	0.715	-0.194	-0.558	-0.072
176	公司 176	3.291	-0.683	-2.481	-0.080

续表

排名	公司	加速指数（2015）	加速指数（2016）	加速指数（2017）	三年平均加速指数
177	公司 177	1.408	–0.251	–2.051	–0.148
178	公司 178	–1.093	0.048	0.879	–0.166
179	公司 179	0.194	0.199	0.774	–0.166
180	公司 180	–1.311	0.136	0.691	–0.169
181	公司 181	–1.993	0.208	1.560	–0.173
182	公司 182	1.195	0.162	0.801	–0.175
183	公司 183	2.131	–0.546	–1.702	–0.185
184	公司 184	–2.576	0.014	4.038	–0.186
185	公司 185	0.145	–0.280	0.276	–0.223
186	公司 186	–1.082	0.075	0.160	–0.248
187	公司 187	2.039	–0.879	0.361	–0.257
188	公司 188	0.522	–3.063	18.542	–0.287
189	公司 189	–5.108	0.378	6.041	–0.290
190	公司 190	–0.847	–0.085	0.412	–0.310
191	公司 191	–1.479	–0.019	1.129	–0.329
192	公司 192	–2.506	0.133	2.157	–0.331
193	公司 193	0.050	–0.371	0.435	–0.331
194	公司 194	–0.397	–0.276	0.565	–0.350
195	公司 195	–1.071	–0.066	0.473	–0.352
196	公司 196	–2.104	0.046	1.197	–0.451
197	公司 197	0.035	–0.292	–0.985	–0.476
198	公司 198	–3.740	0.609	0.349	–0.494
199	公司 199	–2.276	0.362	–1.180	–0.536
200	公司 200	–2.179	0.052	0.402	–0.598
201	公司 201	–4.049	0.668	–0.510	–0.669
202	公司 202	–3.995	0.255	2.210	–0.678
203	公司 203	–1.944	–0.084	0.361	–0.680
204	公司 204	–2.298	0.065	–0.170	–0.715
205	公司 205	2.947	–1.179	–2.700	–0.788
206	公司 206	–3.652	0.035	1.887	–0.864
207	公司 207	–3.148	0.014	0.877	–0.883
208	公司 208	–0.492	–0.307	–2.352	–0.887
209	公司 209	–0.079	0.123	47.966	–0.913
210	公司 210	–1.934	–0.227	–0.179	–0.924
211	公司 211	3.470	–1.407	–4.078	–1.094
212	公司 212	–3.381	–0.246	1.829	–1.100
213	公司 213	–4.665	0.130	1.561	–1.145
214	公司 214	–2.832	–0.141	–0.535	–1.182

续表

排名	公司	加速指数（2015）	加速指数（2016）	加速指数（2017）	三年平均加速指数
215	公司 215	−2.668	−0.217	−0.434	−1.196
216	公司 216	0.686	0.172	0.447	−1.204
217	公司 217	4.394	−1.161	−8.997	−1.304
218	公司 218	−2.970	−0.559	1.243	−1.411
219	公司 219	−5.534	0.102	1.395	−1.490
220	公司 220	1.661	−0.735	−7.612	−1.505
221	公司 221	−4.238	0.027	−1.100	−1.548
222	公司 222	1.991	−2.032	−0.197	−1.661
223	公司 223	−21.686	0.716	25.034	−2.293
224	公司 224	0.088	0.174	0.714	−2.330
225	公司 225	−8.901	−0.195	0.427	−3.095
226	公司 226	−9.444	−0.767	0.283	−3.942
227	公司 227	−8.234	−0.809	−3.054	−4.126
228	公司 228	−12.198	−1.409	−3.346	−6.160
229	公司 229	100.000	−28.996	−49.124	−7.490
230	公司 230	−21.246	−1.088	0.044	−8.245
231	公司 231	−19.274	−1.783	−6.998	−9.510
232	公司 232	−31.512	−3.957	30.983	−9.881
233	公司 233	−29.261	−1.528	−2.648	−11.824
234	公司 234	−48.417	23.429	−146.714	−13.288
235	公司 235	−123.451	−17.797	−17.291	−63.652
236	公司 236	−174.423	−19.886	−158.552	−105.634

附录C　企业质量维度（Q）加速指数排名情况

排名	公司	加速指数（2015）	加速指数（2016）	加速指数（2017）	三年平均加速指数
1	公司 1	11.496	0.814	100.000	100.000
2	公司 2	1.061	3.997	68.662	69.168
3	公司 3	−2.983	0.928	41.269	40.127
4	公司 4	90.300	16.784	4.347	29.924
5	公司 5	100.000	−74.767	39.153	18.021
6	公司 6	−10.726	0.565	15.906	13.775
7	公司 7	62.443	−13.574	9.205	13.631
8	公司 8	5.949	0.483	9.230	11.376
9	公司 9	7.936	−6.415	13.016	10.833
10	公司 10	5.776	−0.668	9.632	10.120
11	公司 11	10.169	18.072	−2.121	9.245
12	公司 12	11.161	2.908	4.631	8.120
13	公司 13	−2.101	−19.503	18.420	7.403
14	公司 14	17.592	11.654	−2.987	6.457
15	公司 15	25.309	20.945	−10.108	5.803
16	公司 16	17.036	0.336	2.375	5.687
17	公司 17	17.717	0.431	1.436	4.950
18	公司 18	1.068	−6.071	2.233	4.916
19	公司 19	77.798	−18.440	−1.084	3.959
20	公司 20	8.132	14.554	−5.276	3.959
21	公司 21	−22.099	18.625	−1.832	3.756

续表

排名	公司	加速指数（2015）	加速指数（2016）	加速指数（2017）	三年平均加速指数
22	公司 22	−12.320	−7.525	10.094	3.604
23	公司 23	14.145	0.313	0.527	3.333
24	公司 24	12.575	0.893	0.504	3.317
25	公司 25	−7.038	0.614	1.005	3.250
26	公司 26	7.148	0.527	1.595	3.170
27	公司 27	3.018	−1.508	3.475	3.167
28	公司 28	6.394	1.858	0.871	3.016
29	公司 29	4.423	3.122	0.544	2.855
30	公司 30	−5.352	−16.396	1.002	2.772
31	公司 31	−13.304	−0.759	0.274	2.593
32	公司 32	7.089	1.511	0.436	2.542
33	公司 33	28.641	−6.615	0.592	2.513
34	公司 34	8.101	1.007	0.418	2.453
35	公司 35	6.874	−1.122	0.317	2.447
36	公司 36	7.899	1.801	−0.114	2.309
37	公司 37	12.819	−0.950	0.364	2.267
38	公司 38	8.710	0.577	0.333	2.260
39	公司 39	6.698	1.113	0.397	2.224
40	公司 40	18.653	0.107	3.779	2.221
41	公司 41	−45.449	−1.184	3.786	2.180
42	公司 42	8.068	1.159	0.041	2.158
43	公司 43	5.522	1.405	0.382	2.141
44	公司 44	4.212	0.664	1.014	2.124
45	公司 45	20.769	−4.054	0.321	2.104
46	公司 46	11.381	−1.918	0.949	2.064
47	公司 47	5.613	3.260	−0.723	2.046
48	公司 48	4.218	1.110	0.661	2.013
49	公司 49	3.042	3.405	−0.344	2.008
50	公司 50	15.901	−2.265	0.192	1.995
51	公司 51	−2.059	0.029	2.384	1.951
52	公司 52	−6.558	0.159	3.017	1.790
53	公司 53	10.680	0.263	−3.185	1.724
54	公司 54	21.679	−2.872	−0.903	1.697
55	公司 55	5.007	1.021	0.148	1.687
56	公司 56	−2.483	−1.266	0.688	1.585
57	公司 57	7.995	−0.312	0.216	1.550
58	公司 58	11.429	1.399	−1.363	1.546
59	公司 59	8.334	−0.562	0.277	1.542
60	公司 60	5.636	−1.163	1.111	1.536

续表

排名	公司	加速指数（2015）	加速指数（2016）	加速指数（2017）	三年平均加速指数
61	公司 61	8.883	−1.418	0.595	1.510
62	公司 62	9.083	0.499	0.743	1.505
63	公司 63	2.135	5.527	−1.827	1.497
64	公司 64	56.837	−18.238	0.262	1.440
65	公司 65	5.980	0.072	0.279	1.433
66	公司 66	−6.244	2.777	0.079	1.412
67	公司 67	1.859	3.527	−0.819	1.387
68	公司 68	0.674	1.610	0.383	1.338
69	公司 69	2.634	1.338	0.135	1.322
70	公司 70	3.064	1.171	0.040	1.224
71	公司 71	9.662	0.455	−0.907	1.168
72	公司 72	1.842	1.008	0.289	1.152
73	公司 73	3.235	0.776	0.142	1.150
74	公司 74	3.659	−1.789	0.106	1.140
75	公司 75	37.650	−5.944	1.951	1.139
76	公司 76	4.351	0.306	0.129	1.101
77	公司 77	10.238	−2.268	0.344	1.078
78	公司 78	1.945	0.989	0.178	1.054
79	公司 79	1.343	1.093	0.228	1.043
80	公司 80	4.985	0.293	−0.056	1.034
81	公司 81	3.303	0.734	0.029	1.031
82	公司 82	−4.353	0.962	0.132	1.010
83	公司 83	7.117	−0.004	−0.347	0.996
84	公司 84	15.613	−3.271	−0.250	0.987
85	公司 85	2.432	−0.290	0.689	0.977
86	公司 86	9.031	6.304	0.191	0.961
87	公司 87	1.757	8.245	−3.799	0.919
88	公司 88	3.241	0.526	−0.013	0.869
89	公司 89	8.302	−1.404	0.005	0.834
90	公司 90	10.415	−2.444	0.138	0.819
91	公司 91	−12.627	5.522	0.259	0.753
92	公司 92	2.062	0.775	−0.067	0.725
93	公司 93	−0.727	1.377	0.100	0.677
94	公司 94	−0.143	0.838	0.244	0.646
95	公司 95	−0.292	1.017	0.174	0.644
96	公司 96	0.248	0.623	0.202	0.568
97	公司 97	−24.101	−2.979	−1.031	0.532
98	公司 98	7.763	−2.269	0.261	0.532
99	公司 99	7.096	−2.420	0.463	0.525

续表

排名	公司	加速指数（2015）	加速指数（2016）	加速指数（2017）	三年平均加速指数
100	公司 100	9.959	−1.175	−0.777	0.502
101	公司 101	0.873	0.722	−0.041	0.500
102	公司 102	1.310	0.810	−0.172	0.500
103	公司 103	15.474	1.508	−3.279	0.496
104	公司 104	12.455	−3.687	0.051	0.470
105	公司 105	−3.621	5.187	−1.591	0.468
106	公司 106	6.232	−1.380	0.002	0.454
107	公司 107	2.804	0.367	−0.398	0.330
108	公司 108	21.159	0.437	0.302	0.328
109	公司 109	3.411	−0.859	0.079	0.270
110	公司 110	9.747	−3.271	0.120	0.245
111	公司 111	3.597	−0.664	−0.163	0.171
112	公司 112	6.588	−2.725	0.337	0.147
113	公司 113	−2.509	6.939	−3.084	0.134
114	公司 114	0.954	0.684	−0.444	0.102
115	公司 115	−1.741	3.870	−1.654	0.076
116	公司 116	19.945	−6.319	−0.401	0.067
117	公司 117	−2.107	0.410	0.205	0.018
118	公司 118	6.245	−2.116	−0.075	−0.001
119	公司 119	−0.768	4.560	−2.300	−0.013
120	公司 120	−7.320	3.753	−0.617	−0.023
121	公司 121	11.007	6.208	0.107	−0.090
122	公司 122	6.882	−1.083	−0.855	−0.104
123	公司 123	1.928	−2.092	0.622	−0.120
124	公司 124	1.801	−0.330	−0.328	−0.153
125	公司 125	−0.823	0.831	−0.445	−0.156
126	公司 126	−6.064	18.432	0.126	−0.200
127	公司 127	2.998	−1.082	−0.209	−0.204
128	公司 128	−8.903	1.748	0.561	−0.216
129	公司 129	18.850	−3.995	−1.762	−0.256
130	公司 130	0.930	0.234	−0.570	−0.258
131	公司 131	−3.226	0.734	−0.046	−0.269
132	公司 132	0.977	−0.797	−0.063	−0.293
133	公司 133	−1.789	0.811	−0.433	−0.336
134	公司 134	−11.911	2.416	0.638	−0.358
135	公司 135	−3.242	0.589	−0.074	−0.375
136	公司 136	7.876	−3.600	0.010	−0.384
137	公司 137	20.511	−5.543	−1.392	−0.388
138	公司 138	3.586	−1.658	−0.226	−0.409

续表

排名	公司	加速指数（2015）	加速指数（2016）	加速指数（2017）	三年平均加速指数
139	公司 139	−2.503	−2.002	1.132	−0.409
140	公司 140	28.157	0.608	−6.174	−0.411
141	公司 141	7.553	−1.834	−0.899	−0.411
142	公司 142	3.311	−0.581	−0.761	−0.421
143	公司 143	−2.608	−6.076	−0.021	−0.447
144	公司 144	−7.080	0.659	0.535	−0.465
145	公司 145	0.201	−1.186	0.113	−0.469
146	公司 146	−1.802	0.792	−0.582	−0.494
147	公司 147	0.362	1.841	−1.735	−0.665
148	公司 148	9.002	−6.229	0.905	−0.669
149	公司 149	−5.966	−4.511	2.845	−0.695
150	公司 150	−3.997	5.231	−2.759	−0.717
151	公司 151	17.053	0.535	0.256	−0.752
152	公司 152	−3.414	−0.364	0.078	−0.755
153	公司 153	−4.504	−0.188	0.184	−0.764
154	公司 154	−2.537	4.122	−2.526	−0.793
155	公司 155	2.477	0.078	−1.355	−0.814
156	公司 156	6.232	0.443	−2.308	−0.848
157	公司 157	−3.202	0.420	−9.551	−0.887
158	公司 158	−1.498	−1.077	−0.070	−0.909
159	公司 159	9.201	−5.700	0.178	−1.064
160	公司 160	59.648	−30.479	3.659	−1.092
161	公司 161	−7.761	0.717	−0.022	−1.106
162	公司 162	−2.999	−1.060	−0.011	−1.126
163	公司 163	1.642	−2.989	0.110	−1.140
164	公司 164	−8.199	−0.041	0.380	−1.191
165	公司 165	16.853	1.769	−5.433	−1.207
166	公司 166	8.842	−0.644	−2.656	−1.263
167	公司 167	−7.386	0.592	−0.340	−1.410
168	公司 168	−4.498	−2.133	0.550	−1.418
169	公司 169	−8.565	0.519	−0.092	−1.427
170	公司 170	−9.501	0.990	−0.204	−1.468
171	公司 171	4.256	−2.578	−0.965	−1.482
172	公司 172	−9.673	1.516	−0.492	−1.507
173	公司 173	20.880	−3.533	−3.688	−1.510
174	公司 174	−10.596	−0.002	0.477	−1.526
175	公司 175	−2.888	5.340	−3.918	−1.580
176	公司 176	−0.107	0.273	−1.755	−1.588
177	公司 177	−3.551	−0.631	−0.766	−1.742

续表

排名	公司	加速指数（2015）	加速指数（2016）	加速指数（2017）	三年平均加速指数
178	公司 178	−12.019	2.322	−0.775	−1.803
179	公司 179	0.759	2.768	0.090	−1.868
180	公司 180	1.675	−3.497	−0.376	−1.872
181	公司 181	−9.387	0.356	−0.313	−1.883
182	公司 182	−16.640	−0.096	1.326	−1.883
193	公司 183	43.017	−19.749	0.253	−1.951
184	公司 184	−12.683	0.401	0.203	−1.975
185	公司 185	−11.346	0.320	−0.030	−1.994
186	公司 186	23.857	−15.782	1.712	−2.063
187	公司 187	61.940	−30.933	2.400	−2.124
188	公司 188	2.429	−3.246	−0.981	−2.189
189	公司 189	−7.370	−0.047	−0.314	−2.462
190	公司 190	−14.450	0.653	−0.263	−2.630
191	公司 191	−13.904	0.102	−0.093	−2.649
192	公司 192	−16.216	−1.512	0.912	−2.943
193	公司 193	−5.898	−3.468	−0.209	−3.116
194	公司 194	8.075	−3.280	−0.710	−3.247
195	公司 195	−17.479	2.905	−1.524	−3.256
196	公司 196	−15.033	−0.850	−0.042	−3.307
197	公司 197	−20.306	1.074	−0.132	−3.383
198	公司 198	4.867	−8.379	−0.432	−3.866
199	公司 199	−44.468	6.385	1.028	−4.027
200	公司 200	−27.515	1.151	0.426	−4.153
201	公司 201	−8.199	0.038	0.356	−4.204
202	公司 202	−250.998	100.000	−9.738	−4.593
203	公司 203	−26.228	1.387	−0.619	−4.807
204	公司 204	−28.942	0.543	0.275	−4.884
205	公司 205	−20.028	−3.721	0.809	−4.909
206	公司 206	−14.133	−3.885	−0.495	−5.157
207	公司 207	14.546	−1.219	−2.244	−5.205
208	公司 208	−31.094	5.445	−2.412	−5.355
209	公司 209	−23.217	−2.540	−0.460	−6.129
210	公司 210	−15.123	−3.438	−1.610	−6.197
211	公司 211	−28.049	−1.846	−0.042	−6.268
212	公司 212	−35.681	5.353	−2.717	−6.562
213	公司 213	0.326	−13.984	0.223	−6.997
214	公司 214	−11.896	−5.273	−3.461	−8.348
215	公司 215	−43.241	0.659	−1.080	−8.829
216	公司 216	−47.785	0.750	−0.288	−8.864

续表

排名	公司	加速指数（2015）	加速指数（2016）	加速指数（2017）	三年平均加速指数
217	公司 217	8.559	−0.238	−0.312	−9.422
218	公司 218	−54.836	7.243	−3.648	−10.083
219	公司 219	−25.720	−7.020	−2.307	−10.730
220	公司 220	−55.554	−1.290	−0.090	−11.191
221	公司 221	−67.770	7.163	−2.362	−11.300
222	公司 222	−72.486	23.114	−10.237	−11.559
223	公司 223	−73.979	−0.512	1.767	−12.437
224	公司 224	−59.063	−1.905	−0.918	−12.976
225	公司 225	−71.962	2.413	−1.804	−14.015
226	公司 226	−65.110	−6.112	−0.439	−15.834
227	公司 227	−61.917	−8.887	0.323	−15.936
228	公司 228	−35.083	−7.004	−8.874	−18.877
229	公司 229	−16.983	−15.375	−10.219	−21.143
230	公司 230	−157.994	0.616	2.234	−27.172
231	公司 231	−27.437	−30.268	−11.543	−32.144
232	公司 232	−110.202	10.700	−21.118	−35.700
233	公司 233	14.022	18.889	−51.068	−37.290
234	公司 234	−191.610	−1.351	−11.417	−47.806
235	公司 235	−443.336	99.957	−53.159	−83.031
236	公司 236	−677.679	10.134	−6.000	−127.828

附录 D　企业创新能力维度（I）加速指数排名情况

排名	公司	加速指数（2015）	加速指数（2016）	加速指数（2017）	三年平均加速指数
1	公司 1	100.000	67.416	-24.492	100.000
2	公司 2	0.802	18.842	100.000	93.996
3	公司 3	3.194	100.000	41.349	91.970
4	公司 4	2.049	14.580	27.338	32.406
5	公司 5	16.611	16.625	6.839	28.645
6	公司 6	-2.741	25.512	16.799	25.689
7	公司 7	14.530	16.123	5.580	25.592
8	公司 8	-0.420	-5.718	31.133	22.334
9	公司 9	10.113	31.975	-5.921	21.094
10	公司 10	12.621	30.770	-8.983	19.978
11	公司 11	9.225	9.591	5.342	17.386
12	公司 12	-1.600	13.199	12.048	15.924
13	公司 13	7.923	6.100	5.415	14.443
14	公司 14	11.781	-5.387	9.083	14.379
15	公司 15	16.530	4.155	-3.900	12.809
16	公司 16	46.553	-40.176	-4.632	12.806
17	公司 17	10.708	-3.467	6.195	12.146
18	公司 18	7.176	6.088	2.337	11.260
19	公司 19	9.390	4.869	0.748	11.114
20	公司 20	9.675	0.186	3.311	10.903
21	公司 21	8.637	6.097	-0.187	10.387

续表

排名	公司	加速指数（2015）	加速指数（2016）	加速指数（2017）	三年平均加速指数
22	公司 22	7.205	4.613	2.205	10.364
23	公司 23	−0.132	0.766	11.487	9.841
24	公司 24	38.607	−19.293	−14.369	9.601
25	公司 25	5.538	17.912	−5.935	9.538
26	公司 26	7.856	3.851	0.683	9.224
27	公司 27	0.580	6.582	5.758	8.880
28	公司 28	28.855	−13.326	−10.455	8.014
29	公司 29	5.111	15.520	−5.918	7.881
30	公司 30	18.002	−5.800	−4.902	7.728
31	公司 31	4.450	2.578	2.756	7.409
32	公司 32	2.888	−2.900	7.923	7.382
33	公司 33	43.115	−42.008	−6.863	7.086
34	公司 34	1.808	6.108	2.495	6.934
35	公司 35	10.820	−9.592	3.318	6.482
36	公司 36	3.419	3.416	1.503	5.971
37	公司 37	2.526	4.757	1.453	5.924
38	公司 38	5.493	8.391	−4.314	5.609
39	公司 39	2.950	2.667	1.898	5.498
40	公司 40	11.245	3.811	−7.393	5.322
41	公司 41	0.902	−3.037	7.475	5.283
42	公司 42	1.477	4.168	1.739	4.965
43	公司 43	2.699	3.189	1.112	4.923
44	公司 44	2.068	3.245	1.288	4.575
45	公司 45	2.885	2.075	0.809	4.214
46	公司 46	4.605	−1.100	1.162	4.192
47	公司 47	3.639	1.930	0.086	4.161
48	公司 48	3.225	1.610	0.689	4.142
49	公司 49	−0.030	10.963	−2.270	4.122
50	公司 50	1.450	9.632	−2.993	4.022
51	公司 51	1.818	2.794	1.099	3.962
52	公司 52	2.966	1.704	0.599	3.903
53	公司 53	5.341	1.614	−1.760	3.874
54	公司 54	−14.375	12.787	10.564	3.833
55	公司 55	4.581	−0.345	0.231	3.815
56	公司 56	1.684	−3.931	5.509	3.810
57	公司 57	2.508	1.946	0.711	3.748
58	公司 58	0.881	1.773	2.273	3.594
59	公司 59	0.710	0.420	3.281	3.544
60	公司 60	2.173	1.661	0.887	3.458

续表

排名	公司	加速指数（2015）	加速指数（2016）	加速指数（2017）	三年平均加速指数
61	公司 61	7.884	−2.987	−1.952	3.300
62	公司 62	0.984	−0.670	3.395	3.267
63	公司 63	4.715	−4.972	2.464	3.234
64	公司 64	3.012	0.892	0.199	3.162
65	公司 65	−4.146	14.184	−1.453	3.146
66	公司 66	5.259	−7.114	3.070	3.011
67	公司 67	1.276	2.258	0.809	2.975
68	公司 68	1.677	1.972	0.530	2.921
69	公司 69	3.632	−0.135	−0.048	2.909
70	公司 70	2.275	0.637	0.698	2.823
71	公司 71	3.352	4.455	−2.943	2.799
72	公司 72	2.323	0.909	0.379	2.748
73	公司 73	4.327	−1.380	−0.292	2.601
74	公司 74	2.692	−1.833	1.590	2.552
75	公司 75	0.140	2.822	1.047	2.537
76	公司 76	7.211	−0.561	−3.856	2.494
77	公司 77	1.041	0.836	1.370	2.463
78	公司 78	20.537	−22.796	−2.554	2.437
79	公司 79	−0.087	2.130	1.608	2.433
80	公司 80	1.689	1.033	0.509	2.397
81	公司 81	1.604	0.424	0.925	2.336
82	公司 82	1.662	1.053	0.424	2.314
83	公司 83	2.058	0.561	0.349	2.311
84	公司 84	2.232	−0.052	0.580	2.311
85	公司 85	−0.020	2.598	1.047	2.281
86	公司 86	0.623	2.876	0.183	2.252
87	公司 87	1.961	0.581	0.355	2.246
88	公司 88	0.944	1.732	0.565	2.207
89	公司 89	0.773	1.814	0.653	2.183
90	公司 90	17.402	−14.688	−5.145	2.137
91	公司 91	1.071	0.905	0.864	2.106
92	公司 92	−0.357	5.269	−0.680	2.037
93	公司 93	0.728	1.626	0.604	2.001
94	公司 94	4.404	1.023	−2.715	1.977
95	公司 95	1.640	4.037	−2.046	1.888
96	公司 96	1.021	1.066	0.525	1.872
97	公司 97	1.910	1.906	−0.945	1.854
98	公司 98	0.699	1.128	0.768	1.839
99	公司 99	0.689	4.663	−1.568	1.838

续表

排名	公司	加速指数（2015）	加速指数（2016）	加速指数（2017）	三年平均加速指数
100	公司 100	1.139	5.335	−2.468	1.835
101	公司 101	1.064	1.060	0.405	1.804
102	公司 102	6.616	−4.195	−1.732	1.762
103	公司 103	0.711	1.944	0.120	1.761
104	公司 104	12.791	−16.507	0.205	1.737
105	公司 105	0.361	2.081	0.340	1.727
106	公司 106	1.621	1.832	−0.856	1.647
107	公司 107	2.178	1.715	−1.350	1.637
108	公司 108	0.982	0.333	0.764	1.635
109	公司 109	1.004	0.922	0.283	1.577
110	公司 110	3.440	−2.429	0.056	1.573
111	公司 111	−4.025	−1.262	6.652	1.474
112	公司 112	0.396	1.294	0.463	1.425
113	公司 113	0.545	1.192	0.367	1.414
114	公司 114	1.136	0.363	0.306	1.399
115	公司 115	0.759	0.906	0.265	1.351
116	公司 116	2.144	18.337	−12.697	1.337
117	公司 117	0.151	0.096	1.286	1.245
118	公司 118	0.906	0.845	−0.026	1.198
119	公司 119	0.828	0.515	0.256	1.185
120	公司 120	−0.700	2.927	0.097	1.108
121	公司 121	1.706	−0.080	−0.327	1.104
122	公司 122	3.522	−0.687	−1.787	1.071
123	公司 123	0.815	0.223	0.309	1.058
124	公司 124	0.021	0.871	0.620	1.011
125	公司 125	−0.746	−0.632	2.298	0.938
126	公司 126	1.552	−1.645	0.655	0.931
127	公司 127	0.219	0.739	0.374	0.899
128	公司 128	−2.545	0.799	3.082	0.878
129	公司 129	2.473	−1.951	−0.164	0.850
130	公司 130	0.659	−0.063	0.377	0.826
131	公司 131	−0.916	1.484	0.884	0.787
132	公司 132	0.027	0.914	0.313	0.785
133	公司 133	1.461	−1.416	0.403	0.771
134	公司 134	10.512	−13.264	−0.941	0.673
135	公司 135	−0.141	0.615	0.534	0.664
136	公司 136	1.103	−0.638	0.072	0.627
137	公司 137	0.917	0.943	−0.808	0.611
138	公司 138	0.625	−0.210	0.168	0.544

续表

排名	公司	加速指数（2015）	加速指数（2016）	加速指数（2017）	三年平均加速指数
139	公司 139	−1.226	3.380	−0.385	0.519
140	公司 140	−0.028	0.538	0.212	0.449
141	公司 141	1.262	−1.932	0.515	0.415
142	公司 142	1.738	0.379	−1.548	0.370
143	公司 143	0.963	−1.032	−0.004	0.231
144	公司 144	−0.285	0.230	0.372	0.199
145	公司 145	1.236	−1.255	−0.175	0.194
146	公司 146	−0.600	0.459	0.523	0.187
147	公司 147	3.811	−5.484	0.034	0.184
148	公司 148	0.813	−0.938	0.020	0.177
149	公司 149	−0.237	0.440	0.116	0.141
150	公司 150	0.968	−1.490	0.072	0.046
151	公司 151	−0.094	−0.201	0.137	−0.075
152	公司 152	3.268	−3.373	−1.191	−0.123
153	公司 153	0.764	−0.272	−0.753	−0.138
154	公司 154	−0.793	0.792	0.103	−0.139
155	公司 155	2.184	−1.833	−1.149	−0.144
156	公司 156	−0.935	0.569	0.333	−0.189
157	公司 157	1.708	3.726	−4.474	−0.241
158	公司 158	0.613	0.428	−1.210	−0.258
159	公司 159	−0.772	0.359	0.145	−0.324
160	公司 160	−1.555	1.736	−0.030	−0.364
161	公司 161	−0.625	−0.072	0.182	−0.409
162	公司 162	−1.801	1.627	0.194	−0.444
163	公司 163	−0.501	0.105	−0.110	−0.450
164	公司 164	0.142	−1.075	−0.007	−0.479
165	公司 165	0.178	−2.787	0.983	−0.569
166	公司 166	−0.204	−1.812	0.676	−0.606
167	公司 167	−0.246	0.687	−0.981	−0.641
168	公司 168	−2.999	15.823	−8.272	−0.656
169	公司 169	0.981	−2.220	−0.426	−0.758
170	公司 170	0.956	−2.525	−0.316	−0.855
171	公司 171	4.625	−4.953	−2.509	−0.957
172	公司 172	−0.905	0.374	−0.544	−0.999
173	公司 173	−1.304	−0.215	0.189	−1.047
174	公司 174	−0.948	−0.544	0.015	−1.076
175	公司 175	−0.646	−2.792	1.030	−1.219
176	公司 176	−3.072	1.030	0.781	−1.342
177	公司 177	−5.379	−0.189	3.900	−1.346

续表

排名	公司	加速指数（2015）	加速指数（2016）	加速指数（2017）	三年平均加速指数
178	公司 178	−3.970	1.362	1.279	−1.494
179	公司 179	−6.755	6.869	0.375	−1.533
180	公司 180	−1.831	−0.413	0.221	−1.568
181	公司 181	−2.387	0.154	0.323	−1.634
182	公司 182	4.299	−9.021	−0.320	−1.650
183	公司 183	−4.582	2.527	0.647	−1.887
184	公司 184	−1.441	−1.093	−0.125	−1.905
185	公司 185	−3.209	0.557	0.411	−2.024
186	公司 186	2.454	−4.902	−1.732	−2.090
187	公司 187	−4.413	1.494	0.866	−2.132
188	公司 188	−2.441	−0.107	−0.294	−2.334
189	公司 189	−2.615	−0.535	0.062	−2.419
190	公司 190	−2.020	−1.086	−0.267	−2.500
191	公司 191	1.869	−5.539	−1.272	−2.547
192	公司 192	−0.321	−4.540	0.260	−2.549
193	公司 193	−3.841	1.161	−0.087	−2.631
194	公司 194	1.976	12.201	−13.599	−2.926
195	公司 195	5.945	−12.056	−1.846	−3.215
196	公司 196	−1.931	−0.195	−1.968	−3.347
197	公司 197	−4.534	−0.933	0.410	−3.947
198	公司 198	1.471	−2.367	−4.666	−3.949
199	公司 199	5.456	−14.118	−1.003	−4.056
200	公司 200	−4.013	−1.760	−0.017	−4.323
201	公司 201	0.434	−10.382	−0.634	−5.875
202	公司 202	−6.060	−0.426	−1.293	−6.351
203	公司 203	0.871	−11.141	−2.176	−7.208
204	公司 204	−8.600	2.934	−2.376	−7.515
205	公司 205	−9.179	1.482	−1.081	−7.722
206	公司 206	−6.262	−5.616	0.540	−7.854
207	公司 207	−4.707	−3.151	−2.812	−7.983
208	公司 208	−1.520	−10.964	−1.341	−8.409
209	公司 209	−9.387	−2.656	0.102	−9.190
210	公司 210	−6.728	−5.407	−0.901	−9.322
211	公司 211	−11.163	−3.847	2.158	−9.617
212	公司 212	−10.681	−3.711	0.477	−10.536
213	公司 213	−13.435	0.408	0.431	−10.601
214	公司 214	−18.267	8.204	−0.116	−10.788
215	公司 215	−10.426	−2.739	−0.732	−10.793
216	公司 216	−7.215	−5.719	−2.540	−11.258

续表

排名	公司	加速指数（2015）	加速指数（2016）	加速指数（2017）	三年平均加速指数
217	公司 217	–3.447	–8.847	–4.358	–11.352
218	公司 218	–10.004	–2.592	–2.051	–11.454
219	公司 219	–11.593	–1.224	–1.794	–11.810
220	公司 220	–0.934	–16.529	–2.971	–12.335
221	公司 221	–7.701	–5.070	–4.182	–12.668
222	公司 222	–18.424	–0.891	3.797	–12.675
223	公司 223	–7.713	1.913	–9.003	–12.837
224	公司 224	0.791	–12.309	–9.135	–13.691
225	公司 225	–14.568	–3.012	–0.893	–14.523
226	公司 226	–12.737	–1.808	–3.756	–14.713
227	公司 227	–17.759	–0.716	0.558	–14.713
228	公司 228	–15.132	–5.378	0.138	–15.439
229	公司 229	–3.672	–18.573	–5.255	–17.633
230	公司 230	–4.282	–30.070	1.489	–18.869
231	公司 231	–12.554	–25.608	2.215	–22.698
232	公司 232	–48.689	2.134	1.204	–38.354
233	公司 233	–24.911	–24.561	–6.395	–39.551
234	公司 234	–60.674	57.683	–36.355	–48.935
235	公司 235	–56.814	–7.408	–19.082	–67.196
236	公司 236	–72.837	–71.577	–13.300	111.033

附录 E　企业综合加速指数排名情况

排名	公司	综合加速指数（2015）	综合加速指数（2016）	综合加速指数（2017）	三年平均加速指数
1	公司 1	6.550	−0.179	100.000	100.000
2	公司 2	−37.312	0.086	17.066	−18.952
3	公司 3	−6.652	1.261	13.834	7.937
4	公司 4	−8.986	0.930	11.390	3.134
5	公司 5	−4.770	−2.989	7.416	−0.323
6	公司 6	39.015	−4.451	6.473	38.579
7	公司 7	23.806	−2.796	5.930	25.327
8	公司 8	1.578	4.693	4.276	9.915
9	公司 9	11.899	−2.591	3.655	12.187
10	公司 10	5.415	−3.696	3.634	5.032
11	公司 11	4.859	3.618	3.559	11.315
12	公司 12	26.046	2.407	3.241	29.796
13	公司 13	20.903	3.555	3.164	25.969
14	公司 14	5.297	1.677	3.020	9.395
15	公司 15	28.160	−9.256	2.597	20.213
16	公司 16	16.215	2.056	2.506	19.533
17	公司 17	2.167	−0.742	2.370	3.568
18	公司 18	12.399	−0.446	2.138	13.247
19	公司 19	0.914	100.000	2.073	96.820
20	公司 20	7.760	25.520	1.947	33.117
21	公司 21	4.627	−0.181	1.924	5.988
22	公司 22	−18.897	−1.101	1.715	−17.188
23	公司 23	−25.984	0.297	1.656	−22.592
24	公司 24	5.590	0.917	1.620	7.641

续表

排名	公司	综合加速指数（2015）	综合加速指数（2016）	综合加速指数（2017）	三年平均加速指数
25	公司 25	1.151	0.458	1.479	2.904
26	公司 26	–8.572	–1.413	1.465	–8.009
27	公司 27	–4.609	5.319	1.459	2.039
28	公司 28	–93.362	2.048	1.429	–84.501
29	公司 29	54.267	6.195	1.383	58.141
30	公司 30	10.768	3.167	1.246	14.272
31	公司 31	19.058	4.498	1.238	23.309
32	公司 32	5.654	–1.975	1.218	4.604
33	公司 33	3.523	–0.273	1.178	4.163
34	公司 34	–21.214	4.381	1.078	–14.811
35	公司 35	–2.378	–8.642	1.057	–9.367
36	公司 36	–0.465	–0.240	1.010	0.286
37	公司 37	–2.583	–1.150	1.002	–2.568
38	公司 38	–4.431	–1.246	0.995	–4.402
39	公司 39	0.941	1.423	0.992	3.154
40	公司 40	26.859	–17.092	0.971	10.094
41	公司 41	–43.143	0.759	0.926	–38.975
42	公司 42	38.707	–10.699	0.919	27.194
43	公司 43	2.679	3.215	0.870	6.359
44	公司 44	4.010	0.121	0.846	4.680
45	公司 45	13.648	–1.571	0.752	12.060
46	公司 46	5.369	2.106	0.741	7.724
47	公司 47	3.733	0.121	0.739	4.318
48	公司 48	1.514	1.037	0.731	3.085
49	公司 49	–8.241	–0.886	0.716	–7.908
50	公司 50	–26.539	5.186	0.678	–19.437
51	公司 51	35.173	0.209	0.673	33.896
52	公司 52	–1.689	–1.834	0.647	–2.703
53	公司 53	–9.736	2.457	0.635	–6.245
54	公司 54	–2.280	0.245	0.607	–1.342
55	公司 55	–1.942	0.900	0.581	–0.433
56	公司 56	–3.374	0.278	0.576	–2.368
57	公司 57	–3.239	–1.298	0.563	–3.736
58	公司 58	5.300	1.197	0.559	6.633
59	公司 59	2.814	1.641	0.542	4.698
60	公司 60	4.580	–0.591	0.539	4.258
61	公司 61	–1.341	5.326	0.537	4.250
62	公司 62	5.301	–0.295	0.515	5.190
63	公司 63	2.381	1.093	0.501	3.736

续表

排名	公司	综合加速指数（2015）	综合加速指数（2016）	综合加速指数（2017）	三年平均加速指数
64	公司 64	13.772	−3.084	0.475	10.495
65	公司 65	−2.247	1.149	0.475	−0.585
66	公司 66	−1.819	0.360	0.460	−0.939
67	公司 67	−26.650	2.826	0.453	−21.972
68	公司 68	−1.352	0.949	0.435	0.030
69	公司 69	0.541	−1.725	0.431	−0.708
70	公司 70	−9.693	−1.365	0.427	−9.993
71	公司 71	3.659	0.938	0.426	4.722
72	公司 72	3.614	5.455	0.425	8.926
73	公司 73	6.895	2.042	0.420	8.796
74	公司 74	0.267	2.080	0.412	2.594
75	公司 75	0.255	−1.369	0.412	−0.659
76	公司 76	2.370	0.548	0.396	3.116
77	公司 77	−3.213	0.497	0.382	−2.194
78	公司 78	−31.805	0.173	0.375	−29.386
79	公司 79	−6.114	1.094	0.373	−4.369
80	公司 80	2.657	−0.392	0.372	2.479
81	公司 81	6.324	−0.477	0.357	5.832
82	公司 82	19.196	−1.623	0.349	16.849
83	公司 83	7.844	0.309	0.347	7.990
84	公司 84	12.752	−3.691	0.335	8.833
85	公司 85	−37.368	−2.981	0.317	−37.634
86	公司 86	2.159	1.144	0.311	3.397
87	公司 87	0.041	−0.305	0.306	0.040
88	公司 88	13.825	−1.253	0.301	12.102
89	公司 89	3.512	0.888	0.300	4.419
90	公司 90	7.554	0.792	0.299	8.127
91	公司 91	−11.878	1.244	0.292	−9.723
92	公司 92	−1.407	0.002	0.291	−1.047
93	公司 93	5.018	−1.046	0.288	4.005
94	公司 94	1.512	−0.669	0.288	1.063
95	公司 95	6.126	1.030	0.283	6.993
96	公司 96	−15.701	−1.164	0.282	−15.590
97	公司 97	−2.662	−4.329	0.281	−6.308
98	公司 98	−4.200	0.238	0.277	−3.464
99	公司 99	−1.643	0.289	0.276	−1.014
100	公司 100	−5.153	0.344	0.252	−4.285
101	公司 101	−2.660	0.336	0.242	−1.957
102	公司 102	−3.156	0.259	0.233	−2.503

续表

排名	公司	综合加速指数（2015）	综合加速指数（2016）	综合加速指数（2017）	三年平均加速指数
103	公司 103	-11.231	-0.692	0.233	-10.991
104	公司 104	-0.469	-0.032	0.232	-0.252
105	公司 105	-1.605	0.579	0.204	-0.773
106	公司 106	-1.208	0.333	0.200	-0.635
107	公司 107	11.042	-2.663	0.197	8.062
108	公司 108	6.426	0.185	0.194	6.397
109	公司 109	1.974	0.660	0.181	2.646
110	公司 110	-18.277	2.959	0.180	-14.232
111	公司 111	0.830	1.737	0.172	2.576
112	公司 112	2.248	-0.263	0.168	2.024
113	公司 113	9.288	-1.477	0.163	7.496
114	公司 114	-5.764	1.128	0.162	-4.205
115	公司 115	3.534	-1.151	0.159	2.390
116	公司 116	-8.922	0.425	0.156	-7.841
117	公司 117	4.465	-0.277	0.142	4.070
118	公司 118	-4.424	0.176	0.142	-3.860
119	公司 119	2.495	6.415	0.135	8.503
120	公司 120	-16.020	0.886	0.130	-14.105
121	公司 121	2.959	0.698	0.128	3.558
122	公司 122	-27.917	0.620	0.126	-25.544
123	公司 123	-4.880	0.904	0.106	-3.639
124	公司 124	4.753	0.698	0.106	5.223
125	公司 125	-4.902	1.021	0.089	-3.565
126	公司 126	-14.376	0.884	0.081	-12.608
127	公司 127	3.024	-0.507	0.076	2.438
128	公司 128	10.337	-0.888	0.062	8.942
129	公司 129	4.257	-0.466	0.062	3.623
130	公司 130	-16.656	-3.567	0.053	-18.963
131	公司 131	-2.635	-0.339	0.053	-2.747
132	公司 132	-6.468	0.486	0.038	-5.587
133	公司 133	3.430	-2.542	0.025	0.859
134	公司 134	-1.083	-0.755	0.022	-1.707
135	公司 135	1.273	0.245	0.007	1.434
136	公司 136	-10.787	-0.824	-0.019	-10.934
137	公司 137	4.655	-0.418	-0.025	3.960
138	公司 138	-36.422	-3.851	-0.057	-37.915
139	公司 139	2.148	0.450	-0.098	2.350
140	公司 140	1.991	0.224	-0.110	1.978
141	公司 141	-8.384	-0.381	-0.120	-8.352

续表

排名	公司	综合加速指数（2015）	综合加速指数（2016）	综合加速指数（2017）	三年平均加速指数
142	公司 142	0.349	−0.930	−0.128	−0.667
143	公司 143	−1.604	2.226	−0.140	0.453
144	公司 144	9.696	−1.571	−0.141	7.506
145	公司 145	47.094	−6.408	−0.144	38.114
146	公司 146	1.570	−0.591	−0.160	0.770
147	公司 147	−0.397	−0.088	−0.185	−0.630
148	公司 148	1.302	3.384	−0.186	4.230
149	公司 149	8.535	1.757	−0.194	9.493
150	公司 150	−6.365	1.717	−0.203	−4.561
151	公司 151	−37.662	−0.572	−0.220	−36.151
152	公司 152	5.927	−5.765	−0.231	−0.065
153	公司 153	0.742	1.740	−0.288	2.062
154	公司 154	−13.237	6.015	−0.294	−7.067
155	公司 155	−2.071	6.164	−0.306	3.560
156	公司 156	−3.297	−0.154	−0.309	−3.535
157	公司 157	−40.413	0.918	−0.313	−37.424
158	公司 158	−2.772	−1.278	−0.323	−4.111
159	公司 159	−20.788	−5.662	−0.348	−25.194
160	公司 160	−20.771	−0.179	−0.358	−20.032
161	公司 161	−1.368	1.773	−0.376	0.027
162	公司 162	−13.987	0.475	−0.377	−13.057
163	公司 163	15.922	−1.584	−0.395	13.108
164	公司 164	−6.898	0.266	−0.399	−6.611
165	公司 165	14.220	−1.290	−0.429	11.752
166	公司 166	6.404	0.976	−0.442	6.524
167	公司 167	5.800	−0.983	−0.466	4.091
168	公司 168	−11.637	0.271	−0.468	−11.125
169	公司 169	3.792	1.222	−0.490	4.253
170	公司 170	0.606	−1.192	−0.517	−1.037
171	公司 171	8.450	−0.649	−0.520	6.845
172	公司 172	−0.802	2.779	−0.534	1.356
173	公司 173	4.038	0.401	−0.549	3.657
174	公司 174	3.905	−13.001	−0.552	−9.071
175	公司 175	3.076	2.695	−0.605	4.857
176	公司 176	2.832	0.951	−0.613	2.979
177	公司 177	7.476	−4.387	−0.664	2.281
178	公司 178	−7.192	−3.977	−0.676	−11.136
179	公司 179	13.059	−6.392	−0.700	5.610
180	公司 180	−26.643	1.533	−0.727	−24.290

续表

排名	公司	综合加速指数（2015）	综合加速指数（2016）	综合加速指数（2017）	三年平均加速指数
181	公司 181	-2.310	1.261	-0.773	-1.713
182	公司 182	4.593	1.600	-0.775	5.093
183	公司 183	10.498	4.683	-0.799	13.521
184	公司 184	2.425	-3.498	-0.804	-1.764
185	公司 185	-30.202	-2.487	-0.809	-31.492
186	公司 186	-41.795	-0.607	-0.809	-40.623
187	公司 187	0.903	3.336	-0.831	3.203
188	公司 188	5.505	2.252	-0.880	6.465
189	公司 189	-1.537	5.555	-0.901	2.930
190	公司 190	0.968	1.191	-0.905	1.180
191	公司 191	0.067	2.824	-0.906	1.867
192	公司 192	-4.970	-1.816	-0.913	-7.238
193	公司 193	-33.544	2.238	-0.916	-30.293
194	公司 194	-409.758	4.339	-0.934	-382.018
195	公司 195	5.626	-0.841	-0.970	3.587
196	公司 196	2.648	-3.597	-0.970	-1.803
197	公司 197	1.728	0.959	-0.982	1.603
198	公司 198	-4.555	3.011	-1.071	-2.458
199	公司 199	12.504	0.097	-1.313	10.613
200	公司 200	-1.982	-0.831	-1.331	-3.896
201	公司 201	-1.014	-3.119	-1.340	-5.146
202	公司 202	12.672	0.564	-1.370	11.155
203	公司 203	14.908	2.638	-1.372	15.206
204	公司 204	1.491	-0.494	-1.378	-0.358
205	公司 205	-47.068	-21.266	-1.427	-65.584
206	公司 206	6.834	-2.631	-1.527	2.515
207	公司 207	8.461	-2.011	-1.676	4.488
208	公司 208	45.249	-17.550	-1.760	24.385
209	公司 209	-1.861	-0.920	-1.846	-4.350
210	公司 210	-5.645	2.966	-1.979	-4.378
211	公司 211	18.921	-4.602	-2.014	11.568
212	公司 212	-153.005	35.407	-2.161	-112.587
213	公司 213	-8.330	-4.545	-2.203	-14.174
214	公司 214	26.119	-6.088	-2.359	16.613
215	公司 215	-66.169	13.072	-2.440	-52.211
216	公司 216	-16.147	-10.001	-2.562	-26.991
217	公司 217	-17.594	-2.630	-2.668	-21.521
218	公司 218	-41.015	8.726	-2.942	-33.121
219	公司 219	9.381	-2.427	-3.036	3.684

续表

排名	公司	综合加速指数（2015）	综合加速指数（2016）	综合加速指数（2017）	三年平均加速指数
220	公司 220	−113.479	−1.554	−3.039	−111.001
221	公司 221	22.239	−2.396	−3.166	15.678
222	公司 222	1.509	−3.212	−3.302	−4.705
223	公司 223	34.773	−2.831	−3.947	26.319
224	公司 224	−76.773	−25.195	−3.974	−99.598
225	公司 225	−14.661	−3.159	−4.408	−20.898
226	公司 226	12.004	4.979	−4.593	11.648
227	公司 227	−1.810	−3.497	−5.144	−9.825
228	公司 228	29.216	−8.576	−6.515	13.279
229	公司 229	9.024	16.963	−9.304	15.685
230	公司 230	82.135	−34.337	−11.184	34.421
231	公司 231	8.758	7.512	−12.723	3.334
232	公司 232	−271.475	34.815	−13.453	−235.134
233	公司 233	13.091	12.483	−13.642	11.216
234	公司 234	100.000	16.466	−17.282	93.244
235	公司 235	−64.628	−40.556	−32.043	−129.008
236	公司 236	−54.739	32.544	−42.686	−60.996